KUNDALINI YOGA

Erwecke die Kundalini Energie
und
entfache die göttliche Kraft in Dir

von

Anna Mai

Inhaltsverzeichnis

Rechtliche Hinweise

Die in dieser Publikation enthaltenen Informationen dienen nur der allgemeinen Information. Wir haben uns nach bestem Wissen bemüht, diese Informationen aktuell und korrekt zu halten, geben jedoch weder ausdrücklich noch stillschweigend eine Zusicherung oder Garantie über die Vollständigkeit, Genauigkeit, Zuverlässigkeit, Eignung oder Verfügbarkeit dieser Publikation oder der darin enthaltenen Informationen. Jegliches Vertrauen, das der Leser in diese Informationen setzt, geht strikt auf eigenes Risiko.

Wir haften nicht für direkte oder indirekte Schäden oder Verluste bzw. Folgeschäden in Zusammenhang mit der Nutzung dieser Publikation sowie der darin enthaltenen Informationen. Wir können keine Resultate garantieren, da Resultate je nach Person variieren können und von deren Anstrengungen abhängen. Sie entscheiden sich, diese Methode auszuprobieren, es gibt keine Garantie für Ihren Erfolg.

1. Was ist die Kundalini?

„Kundalini-Yoga ist die Wissenschaft davon, das Endliche mit dem Unendlichen zu vereinen. Es ist die Kunst, das Unendliche im Endlichen zu erfahren"
Yogi Bhajan

Kundalini ist ein Begriff aus dem Sanskrit, der so viel wie "Schlangenkraft" bedeutet. Gemäß der tantrischen Lehre bezeichnet es die ätherischen Kräfte im Menschen. Es ist die Quelle der Lebenskraft und -energie. Es ist die in jedem Menschen innewohnende göttliche Kraft.

Kundalini hat viele Namen. In China spricht man von Chi, in Japan von Ki, die Christen nennen es Geist oder Feuer und in Indien spricht man auch von Prana. In Mexiko wird die Kundalini durch den Schlangengott Questzalcoatl repräsentiert. Und die amerikanischen Ureinwohner sprechen von *"der Energie,* die *in und zwischen den Beinen beginnt und bis zur Oberseite des Kopfes aufsteigt."*

Es ist die göttliche Kraft, die EINE Kraft, die die Wurzel des Universums darstellt, aufgeteilt in oben und unten, die sich aus sich selbst heraus erzeugt und die sich selbst zum Wachstum anregt.

Kundalini ist ein universelles Phänomen, das überall und von jedem erfahren werden kann. Selbst wenn es kulturelle Unterschiede gibt, so führt die Kundalani ihr Erbe weiter, um die Menschen zu erleuchten und gewahr zu werden, dass das Göttliche die größte Macht darstellt.

Die Kundalini befindet sich von Geburt an am unteren Ende der Wirbelsäule. Symbolisch wird sie wie eine schlafende, zusammengerollte Schlange (kundala “gerollt”, “gewunden”) im untersten Chakra, dem Wurzelchakra, dargestellt. Die Erweckung der Kundalini wird aber nicht im Alltag passieren, weil man zu oft von Arbeit und all den anderen Dingen gehetzt wird, die man vermeintlich tun muss und daher sich nie die Zeit nimmt, in sich selbst hinein zu schauen.

Wenn die Kundalini schläft, dann lebt der Mensch in seinem Alltagsbewusstsein. Wird sie geweckt und steigt sie durch die Chakren zum kosmischen Bewusstsein auf, dann ist der Mensch nicht mehr auf seine persönliche Wahrnehmung beschränkt, und seine Energie vereinigt sich mit der höchsten Einheit. Das „Aufrollen“ der Kundalini entspricht quasi der Bewegung der Schöpfung.

Der **Hermesstab** ist bekannt als die symbolische Repräsentation der Kundalini. Dieses Symbol ist charakterisiert durch einen geflügelten Stab (Shushumna), um den sich die beiden Schlangen Ida und Pingala winden. Ida und Pingala kreuzen sich an 4 Chakren. Die mit

Flügeln flankierte Kugel am oberen Ende ist ein Symbol für die befreite Seele. In der griechischen Mythologie wird dieses Symbol eng mit Hermes, dem Götterboten in Verbindung gebracht. Bis heute ist es das Symbol für alle Heilerberufe.

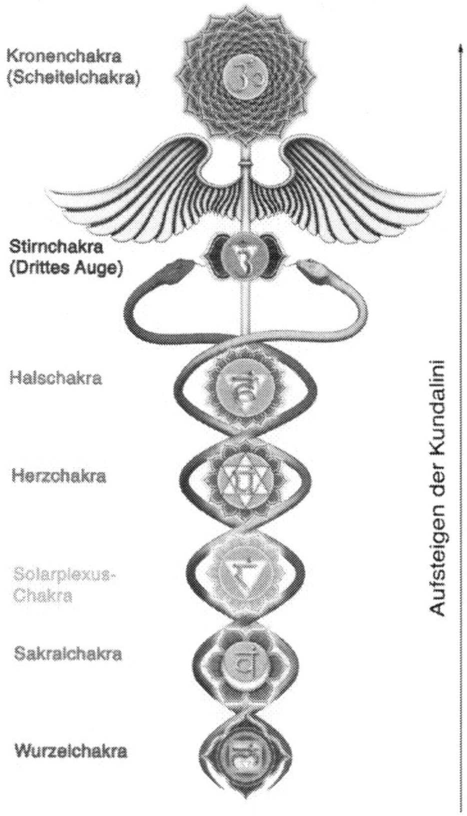

Das Konzept der Kundalini ist abgeleitet von der yogischen Philosophie, die auch als „**pranisches Erwachen**" bekannt ist. Sie bezieht sich auf die Intelligenz hinter dem yogischen Erwachen und der spirituellen Reifung.

Das Wissen über die Erweckung der Kundalini wurde hauptsächlich im Tantra weitergegeben, einer spirituellen Strömung des Hinduismus und Buddhismus. Lange Zeit waren die Übungen zur Erweckung der Kundalini streng gehütete Geheimnisse. Geheime Gesellschaften oder Bruderschaften, auch die mittelalterlichen Alchemisten gaben das Wissen um Kundalini nur an wenige Eingeweihte weiter.

Eine Methode, um die **Kundalini-Kraft** zu erwecken, ist mittels yogischer Praktiken.

Es gibt im Yoga viele verschiedene Schulen und Richtungen. **Kundalini-Yoga** ist eine Yoga-Schule, die sich speziell auf die Erweckung und Stärkung der Kundalinienergie im Körper bezieht, wobei es auch hier wiederum unterschiedliche Stilrichtungen gibt.

Ihnen gemeinsam ist, dass mittels Yogaübungen (**Âsanas**), Atemtechniken (**Pranayamas**), **Meditation**, energie-lenkende Fingerstellungen (**Mudrâs**) sowie dem Singen oder Rezitieren von **Mantras** der Körper auf die emporsteigende Kundalini und auf ein spirituelles Wachstum vorbereitet wird. Die Chakren werden dabei gereinigt, sodass die Kundalini ungehindert vom Wurzelchakra ausgehend durch die anderen Chakren bis hin zum Kronenchakra aufsteigen kann. Man spricht auch von dem sog. **Satchakrabedha** (Sanskrit), was so viel wie *Sechs-Chakren-durchstechen* bedeutet. Gemäß der tantrischen Lehre befindet sich im Kronenchakra das sog. “reine Bewusstsein” (Shiva)[1]. Hier vereinigt sich die Kundalini mit den kosmisch-spirituellen Kräften, der Weltseele, und führt zu einem spirituellen astralen Erwachen.

Das Erwecken und Aufsteigen der Kundalini ist ein Prozess, der sich üblicherweise in mehreren Stadien vollzieht. Es kann dabei auch passieren, dass sich die Kundalini wieder zurückzieht oder nur das Solarplexus-Chakra, aber nicht das Kronenchakra erreicht. Genauso kann es aber auch sein, dass die Aktivierung schlagartig erfolgt.

Welche Techniken und Faktoren gezielt zum gewünschten Ergebnis führen, ist bis heute unklar, sodass es hierfür keinerlei Garantie gibt. Mitunter wird auch behauptet, dass die Kundalini sich von selbst aktiviert, sozusagen durch einen *Gnadenakt*, wenn der Mensch das entsprechende Bewusstsein hat und in einem hohen energetischen Schwingungszustand ist.

---

[1] https://de.wikipedia.org/wiki/Shiva

„Shiva (Sanskrit शिव Śiva [ɕɪʋʌ]; „Glückverheißender“; deutsch auch Schiwa) ist einer der wichtigsten Götter des Hinduismus. Im Shivaismus gilt er den Gläubigen als die wichtigste Manifestation des Höchsten. Als Bestandteil der „hinduistischen Trinität“ (Trimurti) mit den drei Aspekten des Göttlichen, also mit Brahma, der als Schöpfer gilt, und Vishnu, dem Bewahrer, verkörpert Shiva das Prinzip der Zerstörung. Außerhalb dieser Trinität verkörpert er aber alles, Schöpfung und Neubeginn ebenso wie Erhaltung und Zerstörung.“

Zu berücksichtigen sind auch die **Risiken und Nebenwirkungen**, die von der Erweckung der Kundalini-Kraft ausgehen können. Bonnie Greenwell hat in seinem Buch *"Kundalini. Erfahrungen mit der geheimnisvollen Urkraft der Erleuchtung"*[2] aus dem Jahr 1998 umfangreiche Daten zusammengestellt und viele Erfahrungsberichte gesammelt. Danach kann es während des Prozesses der Erweckung zu einem heftigen Energiefluss kommen, der sich in Hitzewallungen oder auch Kälteschüben äußert. Auch kann es sein, dass sich die Erweckung der Kundalini in Träumen ankündigt. In den sehr seltenen Fällen von spontaner Erwachung kann dies begleitet sein durch Hören von Stimmen, Pfeifen oder Summen, Lichtwahrnehmungen, intensive Visionen, mediale und paranormale Erscheinungen sowie euphorische Glücksgefühle, aber auch von unwillkürliche Zuckungen, Zittern, spontanem Kopfnicken, Lachen oder Weinen, Taubheitsgefühlen an Händen und Füßen bis hin zu zeitweiligen oder gar chronischen Schmerzen am Körper.

---

[2] https://www.amazon.de/Kundalini-Erfahrungen-geheimnisvollen-Urkraft-Erleuchtung/dp/3785709153/

Wer sich auf die Reise begibt und seine Kundalini erwecken möchte, um zu einem höheren Bewusstsein zu gelangen, sollte sich dieser Risiken bewusst sein. Auch wenn es von außen so aussehen mag, handelt es sich beispielsweise bei den Yoga-Âsanas nicht nur um bloße Dehnübungen. Mudrâs (Handgesten) sind nicht nur beliebige Fingerübungen. Und Mantras sind keine willkürlichen Silben, die aneinandergehängt werden. Mit solchen Übungen und Techniken wird ganz bewusst auf ein yogisches Erwachen hingearbeitet.

Die bekannteste klassische Yogaschrift ist die *Hatha-Yoga Pradîpikâ*[3] von Swami Svatmarama. Hiervon gibt es eine

---

[3] https://de.wikipedia.org/wiki/Hathapradipika
„Die Hathapradipika oder häufig auch Hathayogapradipika (Sanskrit: हठप्रदपिकि haṭhapradīpikā f.) ist nach dem Yogasutra des Patanjali die wohl bekannteste klassische Yogaschrift. Sie wurde im 14. Jh. von Svatmarama geschrieben. Sie beschreibt die Techniken des Hatha Yoga, die Reinigungen des physischen und subtilen Körpers, sowie deren

vor über 100 Jahren verfasste deutsche Übersetzung aus dem Sanskrit[4]. Westliche Interpretationen der Kundalini tauchten erstmals während es 19. Jahrhunderts auf. Die bedeutendste Studie stammte von Carl Jung (1875-1961). Im Jahr 1932 gab Jung ein Kundalini-Yoga-Seminar vor dem Psychologischen Club Zürich. In diesem erläuterte er sein Verständnis der östlichen Kultur und des inneren Friedens. Außerdem erklärt sein Buch *„Die Psychologie des Kundalini Yoga“*[5], wie die Kundalini die Entwicklungsphasen des Höheren Bewusstseins und des Individualismus darstellt.

Auswirkungen. Sie ist je nach Ausgabe in vier oder zehn Kapitel gegliedert und besteht aus 643 Versen.“

[4] https://www.amazon.de/Hatha-Yoga-Pradipika-Leuchte-Hatha-Yoga/dp/3933321611/

[5] https://www.amazon.de/Die-Psychologie-Kundalini-Yoga-Aufzeichnungen-Seminars/dp/3530406848

2. Kundalini und Siddhis

Eine ruhende Kundalini kann durch verschiedene Techniken und Praktiken geweckt werden. Neben dem Erreichen eines höheren Bewusstseins sollen mit dem Erwachen der Kundalini außergewöhnliche bzw. übernatürliche Kräfte entwickelt werden, sogenannte **Siddhis**. Diese sind immaterieller Natur und gehorchen nicht den Gesetzen des materiellen Universums. Daher kann man mit ihnen scheinbar Unmögliches erreichen.

Für den "Normalsterblichen" scheinen übernatürliche Fähigkeiten (Yoga Siddhis) nur schwer erreichbar zu sein. Letztendlich verfügt aber jeder Mensch über übernatürliche Kräfte. Und mit Übung und dem richtigen Gewahrsein kann jeder Mensch bestimmte Techniken zur Freisetzung erstaunlicher Kräfte und Fähigkeiten entwickeln. Manchmal geschieht dies sogar spontan.

Abgesehen davon ignorieren viele Menschen ungewöhnliche Erfahrungen und tun sie als Zufälle ab. Das ist der Grund dafür, warum es übernatürliche Kräfte nur selten zu geben scheint. Wichtig ist daher, seinen eigenen Erfahrungen und Erlebnissen mehr Beachtung zu schenken.

2.1 Welche übernatürlichen Fähigkeiten gibt es?

Es gibt viele Arten übernatürlicher Fähigkeiten. Sie lassen sich in zwei Kategorien unterteilen. Sie sind entweder informierend, d.h. Informationen werden nicht auf üblichem Wege erworben oder versendet. Oder sie sind expressiv, d.h. die Beeinflussung von Materie oder Prozessen erfolgt auf eine unerklärliche Weise.

Zu solchen übernatürlichen Fähigkeiten zählen:

- Hellsehen - Sehen von Geistern, Auras, Energien und anderen Dingen, die man mit bloßem Auge normalerweise nicht wahrnimmt;
- Hellhören - Hören von Geistern, körperlosen Stimmen usw.;
- Hellwissen - Dinge wissen, ohne sie zu lernen oder zu beobachten (ähnlich wie bei der Intuition);
- Hellfühlen - Empfindungen haben, die nicht von äußeren Ursachen herrühren
- Hellriechen - Düfte und Gerüche wahrnehmen, die keine äußeren Ursachen haben;
- Hellschmecken - Geschmäcker wahrnehmen, die nicht von Substanzen verursacht werden, die sich im Mund befinden;

- Präkognition - wissen, was in der Zukunft geschehen wird;
- Retrokognition - wissen, was zuvor geschehen ist, ohne davon auf die üblichen Arten erfahren zu haben;
- Übernatürliches Träumen - Träume, die spirituelle Begegnungen und detaillierte Informationen enthalten;
- Telepathie - Botschaften über Gedanken erhalten oder senden;
- Empathie - die Emotionen anderer wahrnehmen;
- Psychometrie - Informationen über ein Objekt erhalten;
- Fernwahrnehmung - Dinge aus der Ferne beobachten, ohne seine Sinne oder Hilfsmittel zu benutzen;
- Astralprojektion - seine Seele an einen anderen Ort projizieren;
- Kanalisierung - sich mit einem Geist verbinden, ohne die Kontrolle über seinen eigenen Körper zu verlieren;
- Mediumismus - Geister von seinem eigenen Körper Besitz ergreifen lassen;

- Divination - Informationen sammeln und die Antwort zu einer Frage finden oder ein Problem lösen; dies umfasst oft Werkzeuge wie Tarotkarten, Runen, Wünschelruten usw.;
- Wahrsagen - Objekte, wie Kristallkugel, Wasserschale, Weihrauch usw. verwenden, um etwas Übernatürliches wahrzunehmen;
- Heilen - Heilung mittels Energien oder Gedanken;
- Automatisches Schreiben - Schreiben, das nicht bewusst kontrolliert wird;
- Levitation - vom Boden abheben und die Gravitation überwinden;
- Telekinese - Objekte durch die Kraft des Geistes bewegen;
- Pyrokinese - Feuer erzeugen;
- Apportation - Materialisierung, Dematerialisierung oder Teleportation von Objekten.

Diese Aufstellung ist nicht vollständig. Es gibt darüber hinaus noch einige weitere übernatürliche Fähigkeiten.

2.2 Was ist beim Entwickeln übernatürlicher Kräfte zu beachten?

Das Wichtigste beim Entwickeln übernatürlicher Fähigkeiten sind folgende 3 Regeln:

1. Man sollte sich niemals zu sehr an diese Kräfte gewöhnen.
2. Solche Kräfte sollten nur für das spirituelle Wachstum genutzt werden und um anderen zu helfen.
3. Solche Kräfte sollten ausschließlich positiv eingesetzt werden und nicht für egoistische Ziele oder zum Schaden anderer.

2.3 Wie kann man übernatürliche Kräfte entwickeln?

Alle Menschen sind übernatürlich begabt. Wie mit allen Fähigkeiten, so sind manche Menschen begabter als andere. Und es kann Zeiten geben, in denen eine Person ihre besonderen Gaben stärker wahrnimmt, als gewöhnlich.

Zum Beispiel:

- beim Erleben von lebensverändernden Ereignissen;
- beim Durchleben eines Traumas;
- bei der Anwesenheit starker Medien;
- beim Erlernen und Studieren von Themen zu übernatürlicher Entwicklung, Okkultismus, Mystizismus und ähnlichem;
- bei der Meditation, insbesondere, wenn sie regelmäßig praktiziert wird;
- wenn Dinge im Leben gemieden werden, die die Spiritualität verkümmern lassen;
- beim Aufsuchen von Umgebungen, die für übernatürliche und paranormale Phänomene förderlich sind (zum Beispiel von Kraftplätzen oder ruhigen Orten in der Natur).

3. Woran erkennt man das Erwachen der Kundalini?

Die Kundalini ist mit dem übernatürlichen Bewusstsein und der Seele verbunden. Sobald sie erwacht, kannst Du beispielsweise deine Kreativität besser ausdrücken, deine Intuitionen besser wahrnehmen oder auch deine eigene Psyche stärken. Du wirst letztendlich zu dem Genie, das Du bereits bist, aber Du dich bisher davon abgehalten hast, es auszuleben. Mit einer erwachten Kundalini erkennst Du besser deine eigenen Gaben und Fähigkeiten.

Typische Zeichen des Erwachens sind folgende:

- Ein wachsendes Interesse an Spiritualität haben;
- Stärkere Sensitivität für Sinneseindrücke, Energien und Emotionen;
- Wahrnehmen von mehr sogenannten "Zufällen" im Leben;
- Ungewöhnliche Empfindungen, wie Jucken, Druckempfinden, Hitze oder Kälte entlang der Wirbelsäule, der Stirn, an den Armen oder den Füßen;

- Außergewöhnliche Erfahrungen machen: Dingen beiwohnen, die sich von allein bewegen, Geister sehen, plötzliche Intuitionen haben;
- Lebhafte, informative oder prophetische Träume;
- Veränderungen des eigenen Lebensstils, um spiritueller zu sein (zum Beispiel vegan werden, mit Lastern brechen, ungesunde Beziehungen beenden, Meditationskurse besuchen, weniger Fernsehen usw.)
- Da Du dieses Buch liest, bist Du vielleicht schon in der Phase des übernatürlichen Erwachens. Es ist gut, dass Du dich dazu entschieden hast, deine Gaben zu meistern. So kannst Du das Beste aus dem machen, was Du als Seele in einem physischen Körper bist.

4. Kundalini und die 7 Haupt-Chakren

Chakra heißt wörtlich „Rad". Es sind Energiezentren, die typischerweise rund sind wie Räder und innerhalb des Körpers entlang der Wirbelsäule angeordnet sind. Sie werden auch **Padmas** genannt, was „Lotos" bedeutet. Lotosblüten sind ebenfalls rund und können sich öffnen und schließen, so wie auch Chakren geöffnet und geschlossen werden können.

Chakren funktionieren ähnlich wie Muskeln. Je länger und intensiver man sie trainiert, umso größer und stärker werden sie. Nur wenn alle Chakren gereinigt und alle Blockaden gelöst sind, kann die Lebensenergie ungehindert fließen und können die Energien ins Gleichgewicht kommen, sodass das körperliche, emotionale und mentale Wohlbefinden gestärkt wird.

Jedes Chakra ist verbunden mit den Organen und Nerven der jeweiligen Region und verantwortlich für bestimmte Verhaltensweisen und Charakteristika, die die eigene Persönlichkeit ausmachen. Wenn wir die Nerven und Organe in dieser bestimmten Region stärken, dann werden die dort angesiedelten Energiezentren aktiviert. Die Arbeit an den Chakren dient vorwiegend der Auflösung von Blockaden, die die Chakren daran hindern, auf optimalem Niveau zu funktionieren.

Sobald die Kundalini durch die einzelnen Chakren fließen kann, werden diese gestärkt und ihre positiven Energien aktiviert. Die sieben Hauptchakren haben sowohl einen körperlichen als auch emotionalen Einfluss.

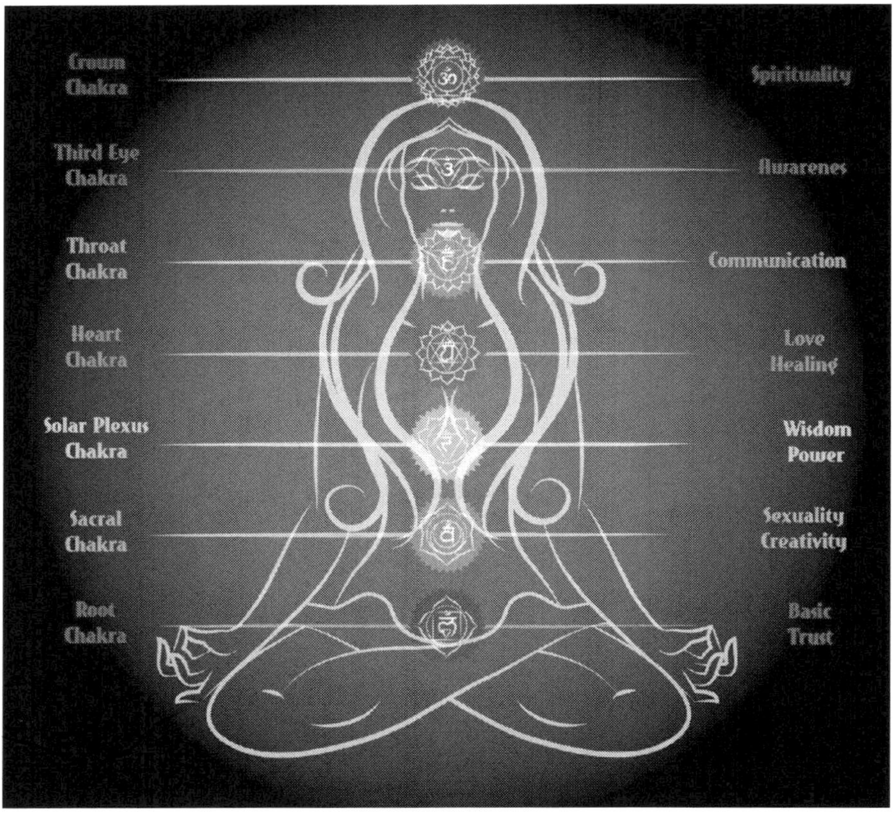

1. Chakra: Wurzelchakra (*Muladhara Chakra*)

Mula bedeutet Wurzel, und *Adhara* bedeutet Stütze. Diese *Wurzelstütze* oder das Wurzelchakra befindet sich am unteren Ende der Wirbelsäule. Es handelt sich um den Ort, an dem auch die Kundalini aufgerollt und meist ruhend liegt.

Organisch steht dieses Energiezentrum in Verbindung mit dem Ausscheidungssystem, dem Anus und dem Perineum in Verbindung.

Die Haupteigenschaften des Wurzelchakras sind Beständigkeit, Gleichgewicht, Ruhe, Stabilität, Ausdauer, Realitätssinn und ein gesunder Menschenverstand. Wenn das Wurzelchakra erwacht, dann findet der Mensch im wahrsten Sinne wieder zu seinen Wurzeln. Gleichzeitig steht dieses Energiezentrum in Verbindung zu allem, was mit der Selbsterhaltung zu tun hat, wie Essen, Trinken und Schlafen.

2. Chakra: Sakral-/Sexualchakra (*Swadhisthana Chakra*)

Swa bedeutet eigen und *adhisthana* Wohnung. Die *eigene Wohnung* befindet sich im Unterleib am Kreuzbein, dem dreieckigen Knochen an der Basis der Wirbelsäule.

Organisch steht dieses Energiezentrum in Verbindung mit den Geschlechtsorganen und dem Harnsystem.

Es ist der Wohnsitz der Kreativität und verbindet mit der Quelle der Inspiration, mit dem eigenen Unterbewusstsein und den Instinkten. Dieses Chakra erlaubt, wahre Schönheit um sich herum und in sich selbst zu sehen, sie auszudrücken und zu genießen.

3. Chakra: Solarplexus-Chakra (*Manipura-Chakra*)

Mani bedeutet Juwel oder Edelstein und *Pura* heißt Stadt. Das Manipura-Chakra ist demnach die *Stadt der Edelsteine*, die die inneren Talente zum Ausdruck bringt.

Dieses Energiefeld befindet sich in der Mitte der Lendenwirbelsäule unterhalb des Bauchnabels. Es steuert den oberen und mittleren Bauchraum, wozu auch das Sonnengeflecht gehört. Daher wird das Chakra auch als Sonnenzentrum bezeichnet, als die innere Sonne. Es ist ein Speicher von Prana, der Lebensenergie.

Mit diesem Chakra ist alles verbunden, was mit Sonnenenergie zu tun hat, sei es Selbstvertrauen, innere Stärke, Willenskraft und Mut. Typische Eigenschaften dieses Chakras sind Großzügigkeit und Zufriedenheit.

Ein blockiertes Manipura-Chakra kann zu Burnout führen: das innere Feuer ist quasi blockiert.

Wenn das Manipura Chakra aktiviert wird, dann werden Eigenschaften wie Durchsetzungsvermögen, Begeisterung, positive Ausstrahlung, Kreativität, Temperament, Enthusiasmus, Leidenschaft und Wahrhaftigkeit geweckt. Ist das innere Feuer, die Sonnenenergie, stark, kann vieles im Leben erreicht werden.

Die Haupteigenschaft dieses Chakras ist Friede. Sobald dieses mit der Kundalini verbunden ist, werden dich viele Dinge im Leben nicht mehr in Stress versetzen.

4. Chakra: Herzchakra (*Anahata Chakra*)

Anahata heißt “innen” oder “unverletzt”. Es bedeutet, dass ein Mensch tief in seinem Inneren stets unverletzt bleibt. Es ist das mittlere Chakra der 7 Hauptchakren und sitzt in der Mitte der Brustwirbelsäule und strahlt in den gesamten Brustraum aus. Himalaische Traditionen glauben, dass es der Sitz der individuellen und der kosmischen Seele ist, weil das Herz im Zentrum von allem steht.

Dieses Chakra steht für Freude und Liebe, Uneigennützigkeit, Mitgefühl und Hingabe. Wenn ein Mensch sein spirituelles Herz spürt, dann ist er voller Freude und Liebe.

Organisch sind diesem Chakra Herz und Lungen zugeordnet. Die Lungen atmen den vom Körper benötigten Sauerstoff ein, während das Herz das Blut durch den Körper pumpt und sicherstellt, dass der Sauerstoff jeden Zentimeter des Körpers erreicht.

Das Herz verfügt sowohl physisch als auch spirituell über enorme Kräfte. Es hat die Fähigkeit, enorme Mengen bedingungsloser Liebe und Güte zu erzeugen. Es inspiriert den Menschen, das Göttliche zu erfahren und göttlichen Willen anzunehmen. Es erlaubt, eine Verbindung mit dem höheren Geist einzugehen und auf die wahre Berufung der eigenen Seele zu hören.

Letztendlich befähigt ein geöffnetes Herzchakra sein wahres Selbst zu erkennen.

5. Chakra: Hals-Chakra (*Vishuddha Chakra*)

Shuddah bedeutet rein. Das Vishadda Chakra ist ein Chakra von besonderer Reinheit. Es befindet sich in der Mitte der Halswirbelsäule. Organisch zugeordnet werden ihm die Kehle mit dem Sprachzentrum, der Hörsinn und die Schilddrüse.

Dieses Chakra steht für Kommunikation und Ausdrucksvermögen und erlaubt dir, dich mit der Außenwelt zu verbinden, indem es deinen inneren Gedanken eine Stimme verleiht. Es steht gleichzeitig für Diplomatie, denn ein geöffnetes Vishuddha Chakra wird dir helfen, großartige Beziehungen mit anderen Menschen aufzubauen und gleichzeitig, zu einer mitfühlenden und gütigen Person zu werden, die gibt, ohne dafür eine Gegenleistung einzufordern. Du wirst nicht länger die Notwendigkeit verspüren, andere zu dominieren oder von diesen dominiert zu werden.

6. Chakra: Stirnchakra/Drittes Auge (*Ajna Chakra*)

Dieses Chakra befindet sich in der Mitte des Kopfes, auf Höhe des Punktes zwischen den Augenbrauen (Drittes Auge). *Ajna* bedeutet wahrnehmen. Dieses Chakra steht für höhere Wahrnehmung, Erkenntnis, Klarheit, Vernunft und Intuition. Es gilt als das “Meister-Chakra”.

Es ist das Tor, das dich zu deinem finalen Ziel des kundalinischen Erwachens leitet. Die Eigenschaften, die mit diesem Chakra verbunden sind, sind Vergebung und Mitgefühl. Manchmal kann es schwer sein, anderen zu vergeben und gerecht zu sein. Und genau das kann mit Hilfe des Ayna-Chakras geschehen. Sobald die Kundalini beginnt, durch dieses Energiezentrum zu fließen, werden diese Eigenschaften verstärkt, sodass Gefühle wie Wut, Groll und Hass fallen gelassen werden können.

Zudem verleiht es die Fähigkeit, Wahrheit von Täuschung zu unterscheiden. Sobald Du in der Lage bist, das Leben und die Welt in absoluter Wahrheit zu sehen, wird es dich auf eine höhere Ebene bringen, auf der nur reine Wirklichkeit existiert, sodass Du dem Glauben an falsche Ideen und Ideale „Lebewohl“ sagen und dich von schlechten Gewohnheiten verabschieden kannst.

7. Chakra: Kronenchakra/Scheitelchakra (*Sahasrara Chakra*)

Das Kronen- oder Sahasrara Chakra vereint die Kundalinienergie, die aus dem Wurzelchakra durch alle anderen Hauptchakren aufgestiegen ist.

Es befindet sich am Scheitel und ist das oberste der sieben Chakren. Sahasrara heißt “tausend”. Diese Zahl steht für die Unendlichkeit. Das Kronenchakra verbindet das Individuum mit der Unendlichkeit, dem Göttlichen, dem

Universum, der Quelle von allem oder wie man es nennen mag. Das Sahasrara Chakra gilt auch als der Sitz von Shiva, dem reinen Bewusstsein. Aus ihm entspringt die Schöpfungskraft.

Organisch entspricht dieses Chakra dem Gehirn, der Zirbeldrüse und dem zentralen Nervensystem. Es ist zuständig für das Gleichgewicht in unserem gesamten körperlichen System und reguliert den Hormonhaushalt.

Das Kronenchakra ist erst dann geöffnet, wenn die Kundalini-Kraft aktiviert ist und kann sich erst dann weiterentwickeln, wenn alle anderen sechs Chakren aktiviert wurden. Im Gegensatz zu den anderen sechs Chakren lässt sich dieses Chakra nicht bewusst steuern.

Bei christlichen Kirchenbildern sieht man oft einen *Heiligenschein* um den Kopf eines Heiligen herum. Dies ist ein Symbol für ein geöffnetes Kronenchakra, um die Verbindung zu einer Höheren Wirklichkeit zu verdeutlichen. Ein vollständig geöffnetes Kronenchakra ist das was man gemeinhin als *Erleuchtung* bezeichnet.

Dieses Chakra ist die Tür, die dich zum Einssein mit dem Göttlichen führt. Unabhängig wie Du es nennen magst, entscheidend ist dein Glaube daran, dass jenseits von dir ein *Höchstes Wesen* existiert. Sobald die Kundalini dieses Chakra durchdrungen hat, wird sich deine wahre Natur vollständig offenbaren, nämlich dass Du Geist bist und aus purer Energie bestehst. Du bist verbunden mit allen Energien, die dich umgeben. Und dies umfasst auch das Göttliche.

Nicht viele Menschen erlangen diese höchste Erkenntnis. Aber auch diejenigen, die auf dem Weg dorthin sind, beginnen ihren Mitmenschen mit hoher Toleranz zu begegnen und sie zu akzeptieren, ohne sie verändern zu wollen. Sie zeigen großes Verständnis aus dem tiefen Wissen heraus, dass jede Erfahrung ihren Sinn hat, egal wie schmerzhaft sie manchmal sein mag. Sie vertrauen ihrer inneren Führung, finden ihren tiefen Frieden ohne Angst und Furcht und leben in einem Einheitsbewusstsein verbunden mit der göttlichen Liebe.

Sobald die Kundalini in Bewegung gebracht wird und erwacht, werden sich Qualitäten wie wahre Weisheit und reine Freude manifestieren.

Im Wesentlichen werden sich, besonders mit Hilfe der täglichen Meditation, alle obengenannten Qualitäten selbst zeigen und dir helfen, die Art von Person zu werden, von der Du immer geträumt hast, sie zu sein.

Du siehst also, dass übernatürliche Kräfte und der Ausgleich der Chakren tatsächlich mit der Selbstverwirklichung verbunden sind und Du kannst dies jetzt mit Hilfe der Kundalini selbst erfahren.

5. Kundalini und Granthis

Bei der Erweckung der Kundalini-Energie sind die sog. *Granthis* von besonderer Bedeutung. Granthi (Sanskrit) bedeutet Knoten und bezieht sich im Yoga auf *Blockaden der Energiekanäle* (Nadis) und der feinstofflichen Wirbelsäule (Sushumna). Durch diese Energieblockaden wird ein freier Fluss von spiritueller Energie und der Aufstieg der Kundalinienergie verhindert. Üblicherweise spricht man von drei Grathis, die sich über die drei Bereiche der Wirbelsäule erstrecken.

5.1 Brahma Granthi

Diese Energieblockade steht in Verbindung mit dem Wurzel- und dem Sakralchakra. Wie diese Chakren hat sie mit dem Überlebensinstinkt, der Sexualität und der Fortpflanzung zu tun. Dieser Knoten steht für die Schwierigkeit, von einem materiellen Bewusstsein zu einer feinstofflichen Wahrnehmung zu kommen. Wenn es gelingt, diese Blockade aufzulösen, ist die Kundalini in der Lage, sich darüber zu erheben. Dann gewinnt der Wunsch nach innerem Wachstum an Bedeutung gegenüber materiellen Wünschen wie Geld und Macht. Doch auch, wenn wir es schaffen, den Aufstieg des Kundalini zu provozieren, besteht die Gefahr, dass die Energie auf dieser Stufe festgefahren bleibt. Der riesige Energieausstoß hätte keinen Platz, um sich zu entladen. Die Folge wäre, dass wir zu Lustmolchen oder Vielfraßen werden könnten. Aus diesem Grund ist es so wichtig, nicht mit den hier beschriebenen Praktiken herumzuspielen. Sie könnten sehr wohl irreversible Folgen haben.

5.2 Vishnu Granthi

Dies ist eine Energieblockade oberhalb des Herz-Chakras. Sie steht für die Schwierigkeit von einer astralen Erfahrung zu einer Erfahrung jenseits des eigenen Egos zu kommen, um von einer persönlichen Liebe zu einer uneigennützigen allumfassenden Liebe zu gelangen. Ist das Vishnu Granthi geöffnet, kann die Verbundenheit mit allen Wesen und die Einheit allen Seins gespürt werden und das Ich als ein Teil des Ganzen. Die vorherrschende Frage wird: *Was ist meine Aufgabe im kosmischen Ganzen? Wie kann ich anderen am besten helfen?*

5.3 Rudra Granthi

Dies ist die Energieblockade beim Stirnchakra. Sie steht für die Schwierigkeit von einer dualistischen hin zu einer non-dualistischen Gotteserfahrung zu kommen, um letztendlich von einer Vision und einer Vorstellung von Gott zu einer vollkommenen Verschmelzung mit allem Göttlichen zu gelangen. Dies ist die finale Blockade, und sobald sie transzendiert ist, kann die Kundalini sich über das individuelle Ego erheben und mit dem universellen und göttlichen Selbst verschmelzen.

6. Stadien des Kundalini-Erwachens

Im Prozess der Erweckung der Kundalini gibt es unterschiedliche Stadien. Diese können sowohl positive als auch negative Phänomene auslösen. Es ist wichtig, darauf vorbereitet zu sein, um sie entsprechend einzuordnen und richtig damit umzugehen. Ist die Kundalini vollständig erwacht, dann treten Dinge wie Weisheit und Liebe ins Leben und eine eindeutige und authentische Richtung im Leben wird erkennbar.

Im Folgenden sollen die **unterschiedlichen Stadien** des Kundalini-Prozesses erörtert werden. Man unterscheidet:

1. Das Erweckungsstadium: Anfangszustand (Arambha Avastha)
2. Das Reinigungsstadium: (wörtlich) Topfzustand (Ghata Avastha)
3. Das Aufnahmestadium: Vertrautsheitszustand (Parichaya Avastha)
4. Das finale Stadium: Zustand der Vollendung (Nishpatti Avastha)

6.1 Das Erweckungsstadium

In diesem Anfangsstadium (**Arambha Avastha; die Anfängerstufe**) macht man sich mit dem eigenen Körper vertraut, sei es durch Asanas (yogische Übungen und Körperstellungen), durch Atemtechniken (Pranayamas), um Atemenergie in bestimmten Bereichen zu halten (Bandhas) oder um Blockaden (Granthis) aufzulösen oder durch rhythmisches Atmen, um den Fluss der Kundalini durch den Körper anzuregen. Während Bandhas und Pranayamas ein Gefühl der Leichtigkeit mit sich bringen, bekommt der Körper durch die yogischen Asanas die notwendige Stabilität.

Die Symptome und Erfahrungen der Aspiranten sind sehr unterschiedlich. Manche können anfangs möglicherweise keinen Fortschritt bemerken. Andere berichten von pulsierenden Empfindungen, die vom Wurzelchakra (Mooladhara Chakra) ausgehen und sich auf verschiedene Teile des Körpers bis hin zum Scheitelchakra (Sahasrara Chakra) verteilen. Der Körper kann anfangen zu zittern oder man spürt ein gewisses Glücksgefühl. Andere berichten von einem Gefühl des Berauschtseins von Göttlichkeit, haben bereits in diesem Stadium göttliche Visionen oder nehmen göttliche Klänge wahr. Auch wenn man möglicherweise keine Fortschritte bemerkt, ist es wichtig, weiter zu machen und durchzuhalten, um eine spirituelle Reinigung zu erreichen und um zum nächsten Stadium zu gelangen. Bald wird sich die

Kundalini ihren Weg bahnen und sich frei und gleichmäßig durch den Körper bewegen, bis die göttliche Präsenz wahrgenommen wird.

6.2 Das Reinigungsstadium

Das Reinigungsstadium **(Ghata Avastha; die Gefäßstufe)** ist dadurch gekennzeichnet, dass der Aspirant das Interesse an materiellen Dingen verliert und er eine Anhaftungslosigkeit gegenüber weltlichen Reizen entwickelt. Das bedeutet, dass seine Aufmerksamkeit für materielle Dinge beträchtlich sinkt, da diese immer geringere Bedeutung für ihn haben. Es bedeutet jedoch keinesfalls, dass er all seinen Besitz aufgibt und plötzlich allen materiellen Reizen entsagt. Der Aspirant kann und sollte sein normales weltliches Leben auf jeden Fall weiterführen.

In dem Maße, in dem sich dieses Gefühl der Anhaftungslosigkeit entwickelt, wird sich der Aspirant immer mehr zur göttlichen Energie hingezogen fühlen und sich auf das Prana, die Lebenskraft in seinem Inneren konzentrieren. Dieses Stadium erlaubt es ihm, einen Sinn für Prana in allem wahrzunehmen und die Universalität des Göttlichen zu erkennen.

Regelmäßige spirituelle Praktiken wie Meditation sind in diesem Stadium sehr entscheidend. Beim Übergang vom ersten zum zweiten Stadium verspüren viele die intensive Lebenskraft (Prana). Dies ist der Punkt, an dem die Kundalini ihren Weg zum Scheitelchakra findet, es öffnet und reinigt. Dies hat zur Folge, dass der Aspirant Kontrolle über das Prana in seinem Inneren gewinnt, ein feineres Gewahrsein seines Atems, der Geräusche und auch seines allgemeinen Befindens bekommt und einen stabilen Geisteszustand erreicht. Das Gefäß von Körper und Geist sowie das eigene Gewahrsein wird verfeinert.

6.3 Das Aufnahmestadium

Wenn durch Asanas, Meditation und Atemtechniken der Tempel des Körpers verfeinert und die spirituellen Pfade geöffnet und gereinigt sind, dann kann sich die Kundalini-Energie frei zum Scheitel-Chakra bewegen und mit ihm verschmelzen. In diesem Stadium **(Parichaya Avastha; die Stufe der Anhäufung)** erreicht der Aspirant einen vollständigen Gleichmut des Geistes. Seine Sichtweise über das Universum ändert sich und er erkennt die Einheit in allem und jedem und die Universalität des Prana. Und er erhält die Macht, dies zu kontrollieren. Er muss nicht mehr aufs Neue wiedergeboren werden, weil er seine Fähigkeiten nun entwickeln kann, um all das Karma seiner vorherigen Leben zu erschöpfen.

Als eine Folge davon erreicht er den Status des Siddha, eines Meisters, und erwirbt außergewöhnliche Kräfte. Dies schließt die Fähigkeit ein, die ruhende Kundalini in anderen Personen zu erwecken. Eine verstärkte Selbstwahrnehmung erlaubt dem Aspiranten die Wahl, in dieser Welt zu leben oder sich selbst nach eigenem Gutdünken zu befreien. Er wird von einem „Aspiranten“ zu einem wahren „Yogi“. Einige verweilen in diesem Stadium, um anderen bei ihrer Selbstwerdung zu helfen. Andere gehen zum nächsten Stadium der Befreiung über.

6.4 Das finale Stadium

Das finale Stadium **(Nishpatti-avastha; die Stufe der Vollendung)** ist erreicht, wenn sich der Yogi von dem Zyklus von Geburt und Tod befreit. Es ist ein Zustand des göttlichen Gewahrseins und ewiger Wonne erreicht, wenn der Yogi die Grenzen dieses Universums vollständig überwindet. Es ist der gleiche Zustand, der mit Nirwana oder Moksha, einer Vereinigung mit dem Göttlichen bezeichnet wird.

In diesem Zustand verspürt der Yogi keinen Hunger oder Durst mehr und verspürt sogar weder Hitze noch Kälte. Sein Gewahrsein verweilt nicht länger bei materiellen Dingen, sondern befindet sich immerfort im Prana. Er muss nicht länger wiedergeboren werden, wenn er entscheidet, seinen Körper zu verlassen, und sein Gewahrsein bleibt auf ewig mit dem Chaitanya, der höchsten Realität, vereint.

7. Meditation

Meditation ist eine der Aktivitäten und Wege, um die Kundalini-Energie zu erwecken.

Was ist Meditation?

Meditation ist weder eine Religion noch ein Glaube. Es ist eine Technik, um einen Kommunikationskanal zwischen sich und seinem Körper, seinem Geist und seiner Seele zu schaffen.

Meditation erlaubt den Geist zu beruhigen und das Gewahrsein auf sich selbst und den gegenwärtigen Moment zu richten. Meditation geht mit einer Stille einher, die es erlaubt, auf die Stimme seiner Seele und die des Universums zu hören.

Warum sollte meditiert werden?

Meditation ist der Hauptgrund und die Basis dafür, wieso die Kundalini erweckt wird. Wichtig ist es hierfür, Geduld mitzubringen. Aber sobald man einmal den Dreh raushat, wird es definitiv leichter. Bei der Meditation geht es nicht um die Perfektion oder darum, etwas anzustreben. Viele Leute denken, dass sie in eine Trance oder in einen anderen Zustand geraten müssen, um zu spüren, dass sie wirklich meditieren. Das kann passieren und kommt auch vor. Aber Meditation ist in Wahrheit eine Art Verrechnungsstelle des Geistes.

Unser Geist erzeugt mit jedem Wimpernschlag tausende Gedanken. Betrachte diese Gedanken einfach genauso, wie Du eine Welle im Ozean betrachten würdest, die kommt und geht, ohne dass Du dich an sie erinnerst oder sie näher analysierst. Das wahre Geschenk ist, in der Mitte all dieser Gedanken zu sitzen und auf keinen einzigen zu reagieren.

Kundalini-Meditationen bestehen für gewöhnlich aus Atem- oder Klangmustern und einigen spezifischen Positionen. Sobald Du während einer Meditation einem Gedanken nachhängst, kehre zu deinem Atmen oder zu dem Klang, den Du machst oder zu der Stellung deines Körpers zurück. Du hast vieles, worauf Du dich konzentrieren kannst.

Wo wird meditiert?

Suche dir einen ruhigen Ort, an dem Du ungestört sein kannst und an dem es möglichst keinen Lärm gibt. Wenn es zu viel Lärm, Chaos und Ablenkungen gibt, kann es für dich schwer sein, deine Aufmerksamkeit und dein Gewahrsein auf das zu richten, was Du suchst. Wenn Du möchtest, kannst Du dir deinen Meditationsbereich mit friedlichen und inspirierenden Bildern, Kristallen, Kerzen oder Blumen einrichten - mache dir deinen Meditationsbereich zu deinem "heiligen Raum".

Nehme dir ggfs. auch einen Meditationswecker. Du kannst natürlich auch ein normales Handy mit Weckfunktion verwenden - hier solltest Du aber die Benachrichtigungsfunktionen für Emails und Anrufe dringend ausstellen, um nicht gestört zu werden.

Wie wird meditiert?

Zum Meditieren setzt man sich üblicherweise auf den Boden und kreuzt die Beine (Schneidersitz, Lotussitz, halber Lotussitz). Man kann sich auch ein Kissen unter das Gesäß legen. Der Rücken sollte gerade sein und die Hände auf dem Schoss liegen. Sollte es dir schwerfallen, dich auf den Boden zu setzen, kannst Du auch auf einem Stuhl sitzen. Aber Du musst sicherstellen, dass dein Rücken aufrecht ist. Ein Sofa ist daher weniger geeignet.

Meditation verwendet meist den Atem, um eine Verbindung zwischen dem Selbst und dem gegenwärtigen Moment herzustellen. Indem Du auf deinen Atem - oder ein anderes Konzentrationsobjekt deiner Wahl - achtest und dir dessen bewusst bist, wird es dir erlauben, deinen Fokus, deine Quelle und dein Höheres Selbst zu finden. Deinen Atem als Führer zu nutzen, kann dir helfen, deinen Weg aus dem Chaos und der Unordnung zu finden und an einen Ort zurückzukehren, der ruhig, leise und still ist.

Wie geht man mit Störungen während einer Meditation um?

Sobald Du mit der Meditation begonnen hast, wirst Du bemerken, dass dein Körper womöglich anfängt zu jucken oder es ein Unbehagen in deinen Knien gibt oder dich sonst irgendetwas stört. Dies ist ein völlig normales Phänomen. Wenn diese und ähnliche Probleme auftauchen, versuche es zu ignorieren und dich weiter auf deine Atmung zu konzentrieren und die Meditation nicht zu unterbrechen. Richte deine Aufmerksamkeit weiter einzig auf deine Atmung und nicht auf dein Unbehagen. Nur so wird deine Konzentrationsfähigkeit stärker und Du wirst geistige Ruhe und inneren Frieden erfahren.

Wie lange wird meditiert?

Beginne die Meditation mit 15 Minuten täglich und verlängere sie jede Woche um 5 Minuten, bis deine Praxis 45 Minuten erreicht. Sei beständig und versuche, die Meditation zur Gewohnheit werden zu lassen. Am besten reservierst Du dir hierzu eine bestimmte Uhrzeit. Dadurch wird dein Körper und dein Geist darauf vorbereitet, diese Ruhephase tagtäglich zu erwarten und schon bald wird es zur Gewohnheit werden.

Welche Meditationstechniken eignen sich zur Erweckung der Kundalini?

Es gibt grundlegend zwei Arten von Meditationen. Die eine ist eine freie Meditation, bei der man die Augen schließt, in die Stille geht und die Energien fließen lässt. Diese Art ist besonders geeignet für Fortgeschrittene, die schon viel Erfahrung mit dem Meditieren haben. Die andere Art, sozusagen als Brücke zur freien Meditation, sind solche mit

Konzentrationsobjekten. Dies ist besonders für Anfänger geeignet.

Die Konzentration auf bestimmte Objekte erlaubt es, sich auf seine Energien zu fokussieren und sein Unterbewusstsein, seinen Geist und seine Seele zu säubern, die Vergangenheit loszulassen und die Zukunft geschehen zu lassen. Die Reinigung ist eine zentrale Voraussetzung im Prozess des Kundalini-Erwachens.

Es werden unterschiedliche Konzentrationsobjekte verwendet, wie der eigene Atem oder die eigene Lebenskraft (Prana), die Konzentration auf Mudras (Handbewegungen), auf Mantras (bestimmte Sätze, die man in Gedanken rezitiert) und Gesänge (laut gesungene/gechantete Mantras). Es kann aber auch eine Kerze sein, die Du vor dich stellst.

8. Kundalini Yoga Kirtan Kriya

Eine Kundalini Meditation, die gleich mehrere dieser Konzentrationsobjekte verbindet, ist die **Kundalini Yoga Kirtan Kriya**. Diese Meditation leitet Veränderungen ein und hilft, alte Gewohnheiten abzulegen und neue zu entwickeln. Sie ist hervorragend für Anfänger geeignet oder wenn zu viele Gedanken im Kopf herumschwirren oder man Schwierigkeiten hat, sich zu konzentrieren, da sie viele Sinne gleichzeitig anspricht.

8.1 Mantra "SA TA NA MA"

Das in dieser Meditation verwendete Mantra lautet: **"SA TA NA MA".** Dies ist eines der am häufigsten verwendeten Mantras im Kundalini-Yoga.

Die Bedeutung: Geburt (Sa), Leben (Ta), Tod (Na) und Wiedergeburt (Ma). Dieses Mantra steht für den ewigen Zyklus, den Kreislauf des Lebens. Sa-Ta-Na-Ma ist die Langform der Worte: *Sat Nam* = wahre Identität.

8.2 Durchführung einer Mudra

Zu diesem Mantra wird parallel eine Fingerübung (*Mudra*) durchgeführt:

- bei Sa berühren sich Daumen und Zeigefinger;

- bei TA berühren sich Daumen und Mittelfinger,
- bei NA berühren sich Daumen und Ringfinger,
- bei Ma berühren sich Daumen und kleinen Finger.

Jedem Finger ist eines der fünf Elemente zugeordnet:

- dem Daumen das Element “Feuer”,
- dem Zeigefinger das Element “Luft”,
- dem Mittelfinger das Element “Äther”,
- dem Ringfinger das Element “Erde” und
- dem kleinen Finger das Element “Wasser”.

Durch die Fingerübung (Mudra) werden die Elemente miteinander kombiniert und es entstehen hieraus besondere Energieströme und Kräfte.

8.3 Anleitung für eine 18-Minuten Meditation

- Lockere dich etwas, setze dich mit aufrechten Rücken auf den Boden oder auf einen Stuhl, lasse die Schultern entspannt nach unten fallen und lege die Hände auf die Oberschenkel. Spüre in deine Wirbelsäule hinein und fühle, wie sich Himmel und Erde mit deiner eigenen Existenz verbinden.
- Schließe die Augen und konzentriere dich zunächst auf den Punkt zwischen den Augenbrauen (Drittes Auge).

- Singe 3 Minuten laut das Mantra Sa Ta Na Ma, während Du gleichzeitig mit den Fingern bei jeder Silbe zwei Finger drückst.
- Flüstere 3 Minuten das Mantra Sa Ta Na Ma, während Du die entsprechenden Finger drückst.
- Denke das Mantra 6 Minuten nur im Geist, während Du die Finger drückst.
- Flüstere 3 Minuten das Mantra Sa Ta Na Ma, während Du die entsprechenden Finger drückst.
- Singe 3 Minuten laut das Mantra Sa Ta Na Ma, während Du die jeweiligen Finger drückst.
- Öffne die Augen und spüre noch einmal in die Meditation hinein und stelle dir den ewigen Kreislauf vor.

Anschließend atme tief durch die Nase ein, strecke deine Arme weit über den Kopf nach oben und spreize die Finger auseinander. Halte kurz die Luft an und aktiviere den Energieverschluss am Ende der Wirbelsäule (Mula Bandha). Dann lasse los und fühle die Energie, die durch deinen Körper strömt.

8.4 Visualisierung für Fortgeschrittene

Wenn Du etwas Übung hast, verbessere die Visualisierung während der Meditation. Konzentriere dich nicht nur auf das

Dritte Auge, sondern visualisiere wie die kosmische Energie eine L-förmige Bewegung in deinem Kopf vollzieht (auch als "*goldene Schnur*" bezeichnet). Bei SA tritt die Energie in das Scheitelchakra, bei TA gelangt sie etwas tiefer, bei NA ist sie auf Höhe der Hypophyse und bei MA tritt sie aus dem Punkt zwischen den Augenbrauen aus.

8.5 Tipps

- Eine Videoanleitung für diese Meditation findest Du hier: https://youtu.be/3NKzgDZ181U
- Es empfiehlt sich, diese Meditation 40 Tage lang täglich zu wiederholen.
- Es ist hilfreich, diese Meditation mit einem Meditationswecker durchzuführen oder mittels einer Meditations-App auf seinem Smartphone.
- Es wird Tage geben, an denen Du dich zu einer Meditation zwingen musst und wieder andere, an denen die Zeit wie im Flug vergeht und Du viel Freude beim Meditieren hast. Sehr hilfreich ist es, ein *Meditationstagebuch* anzulegen, und täglich deine Empfindungen dort einzutragen. Mit der Zeit wirst Du merken, dass auch unsere Empfindungen wie Wellen kommen und wieder gehen und alles in einem Fluss ist.

9. Sodarshan Chakra Kriya

Dies ist eine weitere yogische Übung aus dem Kundalini-Yoga, die als äußerst wirksam gilt, um die Kundalini zu erwecken und übernatürliche Fähigkeiten zu entwickeln.

Diese Meditation stärkt die persönliche Identität, löst vergangene Karma auf, schafft eine innere Basis für Freude und Glück, schenkt Vitalität und Intuition und sie wirkt klärend bis ins Unterbewusste hinein. Sie sorgt dafür, dass man die Kundalini wahrnehmen kann.

Diese Übung verbindet ein Mantra mit Atemübungen, die den *Nabelpunkt* stimulieren. Der Nabelpunkt ist nicht nur eine beliebige Stelle des Körpers, sondern die Zentrale für Energieumwandlungen im Körper. Hier beginnen 72.000 Nerven, die die Lebenskraft durch den Körper leiten. Nach yogischer Lehre muss dieser Punkt gezielt stimuliert werden, um die Energie der Kundalini und damit die Energie des Bewusstseins aufsteigen zu lassen. Der Nabelpunkt steht in Verbindung mit dem Bauchnabel und dem 3. Chakra und befindet sich 3 Finger breit unterhalb des Bauchnabels.

Anleitung:

- Setze dich in den Schneidersitz mit aufrechter Wirbelsäule und ziehe das Kinn leicht zum Hals hin.

- Richte den Blick auf die Nasenspitze.
- Verwende das Mantra WAHE GURU (übersetzt: von der Dunkelheit ins Licht).
- Schließe mit dem rechten Daumen das rechte Nasenloch und atme tief und lang durch das linke Nasenloch ein. Halte den Atem an und singe im Geist 16 Mal das Mantra WA-HE-GURU. Während Du dieses Mantra rezitierst, pumpe 3 Mal den Nabelpunkt, bei "WA", bei "HE" und bei "GURU", insgesamt also 48 Mal, während Du die Luft anhältst. Wenn Du beim ersten Mal noch Schwierigkeiten hast, so lange die Luft anzuhalten, dann steigere dich langsam.
- Nach den 16 Wiederholungen (bzw. 48 Pumpbewegungen) öffne das rechte Nasenloch, schließe das linke Nasenloch mittels des kleinen Fingers oder Zeigefingers der rechten Hand. Dann atme lang und tief durch das rechte Nasenloch aus.
- Wiederhole anschließend den gesamten Vorgang für ca. 11 bis 31 Minuten. Am Ende atme durch beide Nasenlöcher ein und halte den Atem für ca. 10 Sekunden an. Dann atme langsam aus. Strecke anschließend die Arme nach oben und schüttele für etwa eine Minute jeden Körperteil aus.

Eine Vertonung dieses Mantras findest Du auf YouTube: https://youtu.be/QlWOWVMiwkc

10. Osho Kundalini Meditation

Diese Meditation ist eine Mischung aus Bewegung und Entspannung und eine der besten Körper-Geist Übungen. Sie ist besonders geeignet, um aus alten Gewohnheiten auszubrechen. Oftmals stecken wir im Leben in tief verwurzelten Gewohnheiten. Bei der Durchführung dieser Meditation kannst Du alte Gewohnheiten loslassen und Geist und Körper befreien.

Die Meditation besteht aus vier 15-minüten Phasen:

- Phase 1: sich schütteln,
- Phase 2: tanzen,
- Phase 3: sitzen und
- Phase 4: liegen.

<u>Anleitung:</u>

1. Phase: Stelle dich schulterbreit und schließe die Augen (um dich besser zu konzentrieren). Beginne dich zu schütteln, aber nicht durch ein aktives Tun, sondern lasse das Schütteln von selbst geschehen. Versuche nichts zu erzwingen. Hilfreich ist es, bei den Knien zu beginnen und diese zu

schütteln. Mit einem lockeren Körper schüttele dich bis hinauf zum Kopf.

2. Phase: Beginne zu einer Musik deiner Wahl zu tanzen. Auch hier ist es wieder mehr ein Zulassen von Tanz als ein aktives Tanzen. Genieße die Freude dabei.

3. Phase: Setze dich auf aufrecht auf den Boden oder einen Stuhl und halte die Augen geschlossen. Beobachte aufmerksam, was in dir und außerhalb von dir passiert.

4. Phase: Halte die Augen geschlossen, lege dich mit dem Rücken auf Boden und entspanne.

Eine kleine Anleitung findest Du auf YouTube: https://youtu.be/X9arMCdOFBc

Die gesamte Meditation findet man auf Osho.com.

11. Kundalini Bandhas

Bandhas (Sanskrit) bedeutet *fesseln, binden, Verschluss oder Ventil.* Bandhas sind **Yogatechniken in Form von Muskelkontraktionen**, um die Atemenergie gezielt in bestimmten Bereichen zu halten und zu lenken, um bestimmte Körperbereiche gezielt anzusprechen und die Kundalini zu erwecken.

Es sind sehr mächtige Praktiken, um das Prana (Lebenskraft, Lebensenergie) in dem feinstofflichen System seines Körpers aufzubauen, um Blockaden (Granthis) aufzulösen und die Kundalini zu erwecken. Hierzu werden die Bandhas aktiviert und optimiert. Das Training der Bandhas erzeugt nicht nur ein besseres Körpergefühl, sondern führt auch zu einem sorgsameren Umgang mit seinem Körper.

Unbewusst nutzt jeder von uns Bandhas, zum Beispiel beim Anheben eines schweren Gegenstandes. Durch das Einziehen des Bauches und das Einatmen, wird der Rumpf gefestigt und die Körpermitte stabilisiert. Dadurch wird der Körper vor Verletzungen geschützt und wichtige Kraftreserven werden mobilisiert.

Man unterscheidet die folgenden 3 Bandhas, die als innere Körperverschlüsse angesehen werden:

11.1 Mula Bandha (Wurzelverschluss)

Mula Bandha arbeitet direkt mit dem Brahma-Granthi, der untersten Energieblockade zusammen. Sie wirkt direkt auf das Muladhara- oder das Wurzel-Chakra, wo die Kundalini schläft.

Anleitung:

- Setze dich in die Meditationsstellung Siddhasana (= Sitz des Vollkommenen; dabei liegt ein Fuß zwischen Geschlechtsorgan und Anus. Der andere Fuß wird so gelegt, dass er an das Schambein kommt) oder in den halben Lotussitz.
- Richte deine Aufmerksamkeit auf den Bereich des Damms oder der Vagina. Dann kontrahierst Du die

Muskeln dort und versucht, die des Beckenbodens hochzuziehen. Dabei wird das Steißbein nach unten und vorn gezogen und das Kreuzbein nach unten, sodass der untere Rücken lang wird. Dann entspanne die Muskulatur wieder. Wiederhole dies auf rhythmische Weise. Das ist die Grundidee.

- Diese Übung kann auch mit verschiedenen Atem-Übungen kombiniert werden.

11.2 Uddiyana Bandha (Bauchverschluss; Baucheinzieher)

„Uddiyana“ bedeutet „sich erheben“ und dieses Bandha hebt nicht nur das Zwerchfell nach oben zur Brust, sondern sorgt auch dafür, dass das Prana, die Lebensenergie, in den zentralen Kanal strömt und aufsteigt. Diese Bandha wirkt auf den Vishnu-Granthi (Blockade beim Herz).

Anleitung:

- Setze dich in die Meditationsstellung Siddhasana oder in den halben Lotus Sitz. Umfasse mit den Händen die Knie.
- Bei der nächsten Ausatmung, lehne dich mit dem Oberkörper nach vorn und drücke die Knie mit deinen Händen leicht nach unten.

- Während deine Arme durchgestreckt sind, versuche deine Wirbelsäule zu dehnen. Drücke dabei dein Kinn gegen die Brust, ziehe den unteren Bauch nach innen und den Bauchnabel nach oben. Mit etwas Übung kannst Du eine Höhle unter deinem Brustkorb erzeugen.
- Dann löse dich von dieser Position, atme ein und nehme langsam wieder eine aufrechte Position ein. [6]

11.3 Jalandhara-Bandha (Kehlverschluss)

Jalandhara Bandha schafft einen Verschluss im Kinn, sodass Prana gesammelt und in die höheren Chakren gelangen kann. Dabei wird die Atemluft so blockiert, dass keine Luft aus dem Körper ausströmen kann. Gleichzeitig wird die Halswirbelsäule gestreckt, sodass das Prana durch die feinstoffliche Wirbelsäule nach oben kommt. Das Jalandhara-Bandha wirkt auf das Rudra-Granthi, was das Hals- und das Stirn-Chakra beeinflusst.

Jalandhara Bandha zählt zu den fortgeschrittenen Praktiken. Hierbei wird bei vollständig gefüllten Lungen die Luft angehalten und der Kinnverschluss geübt Diese Übung kann sehr machtvoll sein, da sie großen Einfluss auf Energien

---

[6] Ein Beispiel für die Ausführung von Uddiyana Bandha findest Du auf YouTube unter https://www.youtube.com/watch?v=0m4oMwpuVPw

hat. Dabei sollte man vorsichtig sein. Solltest Du noch nicht fortgeschritten sein, dann macht es keinen Sinn, diese Technik zu üben!

Anleitung für Fortgeschrittene:

- Setze dich in der Meditationsstellung Siddhasana oder in den halben Lotussitz. Lege deine Hände auf deine Knie.
- Atme tief ein und wölbe den Brustkorb stark nach vorne. Nachdem Du tief eingeatmet hast, hältst Du deinen Atem an und senkst das Kinn, so dass das Kinn das Brustbein berührt.
- Versteife deine Arme und halte die Position. Du hältst diese Position so lange wie möglich, bevor Du dich entspannst und noch einmal einatmest. [7]

---

[7] Ein Beispiel für die Ausführung von Jalandhara-Bandha findest Du auf YouTube unter: https://www.youtube.com/watch?v=JwBvln_jOG8

11.4 Maha-Bandha

Werden alle drei Bandhas gleichzeitig eingesetzt, spricht man von Maha-Bandha. Maha-Bandha ist nicht nur sehr effektiv für die Erweckung der Kundalini, sondern auch Anti-Aging „vom Feinsten“ und zudem noch umsonst. Es erfrischt alle Körperzellen, stimuliert die inneren Kräfte, steigert die Konzentrationsfähigkeit und lässt die Lebensenergie Prana fließen.

12. Kundalini Mantras

Das Entscheidende ist das Tun, nicht so sehr die Ausführung.
(aus dem Zen-Buddhismus)

Viele Meditationen zur Erweckung der Kundalini verwenden Klänge oder Mantras, die von einfachen Geräuschen bis hin zu Silben, Worten oder Satz-Phrasen reichen. Mit ihnen ist eine bestimmte Absicht oder ein Gedanke verbunden, der an das Universum oder an sich selbst gesendet wird. Mantras sind gleichsam Yoga des Geistes.

Das Wort Mantra stammt aus dem Sanskrit. *"Man"* bedeutet Geist und *"Tra"* bedeutet Richtung oder Projektion. Ein Mantra ist letztendlich ein akustisches Instrument, mit dem der Geist ausgerichtet und der emotionale und geistige Zustand verändert werden kann. Es sind Meditationsworte, um die Aufmerksamkeit gezielt zu lenken.

12.1 Was ist der Sinn eines Mantras?

Durch das Wiederholen eines Klangs, eines Wortes oder Satzes kann der Fluss der Gedanken, der Gefühle und der Lebensenergie in hohem Maße beeinflusst werden. Körper und Geist werden durchdrungen und stimuliert richtig zu handeln. Die Gedanken, Emotionen und Energien werden an den Ort gelenkt, an dem man sie haben möchte. Gleichzeitig kann die Art, wie der Verstand arbeitet, wie das Herz fühlt, wie die

Lebensenergie genutzt wird und selbst physische Prozesse, wie beispielsweise die Ausschüttung von Hormonen, umprogrammiert werden.

Ein Mantra zu singen ist eine der ältesten Arten, Selbstverwirklichung zu erreichen. Praktizierende sagen, dass das Singen eines Mantras die Seele erwecken kann. Das Erwachen der Seele wiederum führt zur Stimulation der Kundalini-Energie, die bei den meisten schlafend an der Basis der Wirbelsäule ruht.

12.2 Welche Worte werden für ein Mantra verwendet?

Die Worte, die verwendet werden, mögen für andere keinen Sinn ergeben oder auch von der Grammatik her nicht korrekt sein. Solche Regeln existieren hier aber nicht. Wichtig ist nur, dass die Wörter und Klänge, die als Mantra gewählt werden, ein Gefühl von dem Zustand vermitteln, den man erreichen möchte.

Um dich von Dingen zu befreien, die dich zurückhalten, kannst Du beispielsweise die Phrase „Lass los“ als dein Mantra wählen. Du kannst auch Mantras aus dem Sanskrit verwenden, heilige Worte, die Du nachahmen kannst. Du kannst alle Ängste loslassen, die dich daran hindern, die Person zu sein, die Du zu sein bestimmt bist.

12.3 Wie lange wird ein Mantra gesungen?

Du kannst zwischen 3 Minuten bis zu 2 Stunden singen. Du solltest hierzu wissen, dass je nachdem, wie lange Du ein Mantra singst, verschiedene Dinge in deinem Körper passieren. Diese sind:

- bei 3 Minuten: Stabilisierung des Blutkreislaufs und Erweiterung des elektromagnetischen Feldes des Körpers;
- bei 7 Minuten: Veränderung von Hirnmustern und Verstärkung des elektromagnetischen Feldes;
- bei 11 Minuten: Verbesserung des Drüsensystems und erste Veränderungen der Nerven;
- bei 22 Minuten: Dein Es, Ich und Über-Ich fangen an, miteinander zu arbeiten und harmonisieren Körper und Geist;
- bei 31 Minuten: Die Hormonausschüttung kommt ins Gleichgewicht und der Geist kann sich besser konzentrieren;
- bei 62 Minuten: Zirbeldrüse, Hypophyse und Frontallappen des Gehirns werden stimuliert und arbeiten mit dem emotionalen und physischen Körper zusammen, sodass sich ein Gefühl von Frieden einstellt und Du dich mit dem Göttlichen verbinden kannst;

- bei 2 bis 2,5 Stunden: Die Verbindung zwischen Unterbewusstsein und Bewusstsein verändert sich positiv. Dies macht dich zu der Person, die Du eigentlich bist und werden solltest. Laut yogischer Philosophie entfaltet ein Mantra erst dann seine volle Wirkung, nachdem es mindestens 2 Stunden gesungen wurde. Erst nach einer solchen Zeitspanne können die Schwingungen des Mantras bis tief ins Unbewusste reichen und dort einen neuen Samen der Entwicklung setzen.

Man sagt, wer 40 Tage regelmäßig übt, erlangt neue Fähigkeiten und kann sich schlechter Gewohnheiten entledigen. Wer 90 Tage übt, manifestiert diese neuen Fähigkeiten und verankert sie im Bewusstsein. Wer 1000 Tage übt, meistert seine neuen Fähigkeiten.

12.4 Was mache ich, wenn ich nicht singen kann?

Viele Menschen glauben von sich, nicht singen zu können - oder es ist ihnen einfach peinlich zu singen. Man muss beim Rezitieren von Mantras nicht "schön" singen können - man sollte nur Spaß daran haben!

Wer aber partout nicht singen will, kann ein Mantra auch leise oder in Gedanken singen. Das bleibt jedem selbst überlassen. Dabei sollte aber nicht vergessen werden, dass die eigene Stimme die Stimme des Herzens und der eigenen Seele ist, die sich mit dem innersten Wesen verbindet. Außerdem werden durch die Erzeugung von akustischen Schwingungen viele Hirnfunktionen angeregt. Singen hat eine Heilwirkung, die man nicht unterschätzen sollte.

12.5 Welche Mantras sind hilfreich?

Du hast die Freiheit, dein eigenes Mantra zu kreieren. Störe dich nicht daran, was dein Mantra für andere bedeuten könnte. Was zählt, ist, was es für dich bedeutet. Wenn das Mantra dir erlaubt, dich in dem Zustand zu fühlen, in dem Du sein willst, dann ist es genau das Richtige für dich. Finde ein Mantra, an das Du glaubst. Der Glaube an dein Mantra gibt die Kraft und Energie, um deine Kundalini zu erwecken und dein Leben für dich zum Besten zu verändern.

Hier einige der häufig verwendeten Mantras aus dem Sanskrit zur Erweckung der Kundalini. Du kannst das ein oder andere auch aufschreiben und beim Meditieren vor dich legen.

12.6 Was passiert, wenn man ein Mantra singt, ohne es zu verstehen?

Selbst wenn man ein Mantra in Sanskrit singt, ohne seine genaue Bedeutung zu kennen, hat es bereits eine starke Wirkung. Es ist ähnlich wie ein Name, den man ruft. Selbst wenn man die Person nicht kennt, deren Name man ruft, reagiert diese. Wenn man ein Mantra rezitiert, dann kann sich die übergeordnete Energie um einen herum manifestieren und ihre Wirkung zeigen. Um ein Vielfaches stärker ist seine

Wirkung, wenn man seine Bedeutung kennt und es mit dem entsprechenden Gefühl im Herzen singt.

12.7 Das Mantra « AUM »

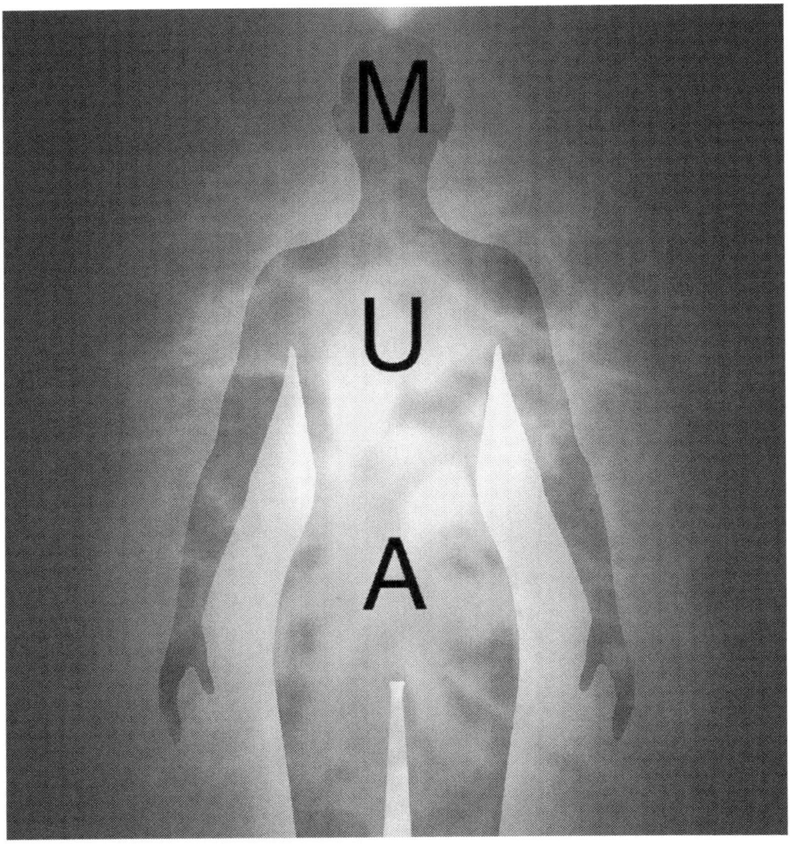

Die Mutter aller Mantras ist "AUM". Das **AUM Mantra** wird zur Aktivierung des Dritten Auges verwendet. Das AUM Mantra klingt ähnlich wie OM - es ist aber wichtig, die drei Buchstaben A - U - M richtig auszusprechen. Beim Singen des Vokals A bringe erst die Resonanz in den unteren Bauchbereich, beim Singen von U bringe die Resonanz oberhalb des Herzens in den Brustbereich und das M resoniert im Bereich des Dritten Auges.

Eine korrekte Aussprache des AUM Matras findest Du hier: https://youtu.be/8Rbibj_VUvY

12.8 Das Mantra « SAT NAM »

Bedeutung: „Sat“ (mit langem A gesprochen) bedeutet „die Wahrheit“, „Nam“ (mit kurzem A) bedeutet „Identität“. Wenn man die Worte verbindet, bedeuten sie „Die wahre Identität“ oder “Wahrheit ist mein Name”. Dies ist ein fundamentales Mantra im Kundalini Yoga. Es soll an sein wahres Selbst erinnern und helfen, sein ganzes Potential zu erkennen und zu entfalten.

Ein Beispiel, dieses Mantra zu singen, findest Du hier: https://youtu.be/PAOc-NRJAE4

12.9 Das Mantra « ONG NAMO GURU DEV NAMO »

Dieses Mantra wird auch oft zu Beginn einer Yogastunde gesungen, sodass sich Lehrer und Schüler gemeinsam einstimmen und sich für die Wirkung der Yoga-Übungen öffnen.

Das „Ong“ vibriert im hinteren Teil des Kehlkopfes, dem Schädel und den Nasengängen. Richtig ausgeführt stimuliert es Hypophyse und Zirbeldrüse, und stimmt in ein höheres Bewusstsein ein. „Ooooooong“ ist lang (o wie in oh), „Na“ ist kurz, „Moooo“ (o wie in oh) ist verlängert. „Gu“ und

„Ru“ sind kurz. „Deeeeeev“ ist verlängert. „Na“ ist kurz. Und „Mooo“ beendet den Atemzug.

„Ong Namo“: Ich rufe / grüße den Schöpfer.

“Gu”: Dunkel; “Ru”: Licht: “Guru”: Lehrer / die Energie, die das Licht bringt und die Dunkelheit vertreibt.

„Dev“: transparent / nicht-körperlich.

Bedeutung:

„Ich begrüße und öffne mich für die schöpferische Energie des Universums, für den Weg vom Dunkel ins Licht.“

Atme tief durch die Nase ein, bevor Du das Mantra dreimal hintereinander singst. Der Zweck dieses Mantras ist es, sich einzustimmen. Dieser Gesang schützt und verbindet uns mit unserem Höheren Selbst.

Ein Beispiel, dieses Mantra zu singen, findest Du hier: https://youtu.be/7b3uFK01-u4

12.10 Das Mantra «AAD GURAY NAMEH… »

« AAD GURAY NAMEH, JUGAAD GURAY NAMEH, SAT GURAY NAMEH, SIRI GURU DEVAY NAMEH »

Bedeutung:

“Aad Guray Nameh”: Ich beuge mich vor der höchsten Weisheit, die am Anfang war.

“Jugaad Guray Nameh”: Ich grüsse die Weisheit, die durch alle Zeiten hindurch besteht.

“Sat Guray Nameh”: Ich beuge mich vor der wahren Weisheit.

“Siri Guru Devay Nameh”: ich grüsse die erhabene Weisheit.

Es handelt sich um ein Schutz-Manta und hilft, die richtigen Menschen und günstige Gelegenheiten in sein Leben zu ziehen. Und es erinnert an sein wahres Selbst, sein ganzes Potential zu erkennen und zu entfalten.

Ein Beispiel, dieses Mantra zu singen, findest Du hier: https://youtu.be/FmDqemqKugo

12.11 Das Mantra «RA MA DA SA... »

« RA MA DA SA, SA SAY SO HUNG »

Bedeutung:

“Ra Ma Da Sa”: Sonne, Mond, Erde, Unendlichkeit

“Sa Se So Hung”: Ich bin eins mit dem unendlichen Zyklus.

Dieses Mantra schafft eine tiefe Ausgeglichenheit und setzt heilende Energien frei. Es ist eines der wichtigsten Heilmantras im Kundalini Yoga. Man kann die freigesetzte Heilenergie für sich selbst nutzen oder auch anderen senden.

Ein Beispiel für den Gesang dieses Mantras findest Du hier: https://youtu.be/kYJkjJxvsHw

12.12 Das Mantra « WAHE GURU »

Bedeutung:

“Wahe”: Freude, Ekstase

“Gu”: Dunkel

“Ru”: Licht

Dieses Mantra der Freude dient dazu, sich mit dem Göttlichen zu verbinden, um die Dunkelheit des Geistes mit göttlichen Licht zu beseitigen. Der vibrierende Klang dieses Mantras beeinflusst das zentrale Nervensystem.

So wie alle Mantras, so kann auch dieses unterschiedlich gesungen werden. Eine schöne Interpretation dieses Mantras findest Du hier: https://youtu.be/QlWOWVMiwkc

12.13 Das Mantra « SA TA NA MA »

Bedeutung: Geburt, Leben, Tod und Wiedergeburt. Dieses Mantra steht für den ewigen Zyklus, den Kreislauf des Lebens. Es wird auch „Panj Shabad“ genannt, da es mit den fünf Urtönen des Universums S, T, N, M und A arbeitet.

Ausübung: Diese Mantra-Meditation wird in 5 Schritten wiederholt: 3 Minuten mit voller Stimme, dann 3 Minuten flüsternd, 6 Minuten lautlos, 3 Minuten flüsternd und 3 Minuten mit voller Stimme wiederholt.

Gleichzeitig wird zu diesem Mantra eine Fingerübung (**Mudra**) durchgeführt:

- bei SA berührt der Daumen den Zeigefinger (steht für Weisheit und Mitgefühl)
- bei TA berührt der Daumen den Mittelfinger (steht für Disziplin)
- bei NA berührt der Daumen den Ringfinger (steht für Lebenskraft)
- bei Ma berührt der Daumen den kleinen Finger (steht für Kommunikation)

Ein Beispiel, dieses Mantra zu singen, findest Du hier: https://youtu.be/3wR4XhW0Sl0

13. Kundalini Pranayamas

Durch Atemübungen (Pranayamas) lassen sich Atem und Geist direkt miteinander verbinden. Sicherlich kennst Du Situationen, in denen Du unwillkürlich den Atem angehalten hast, als Du geistig stark gefordert wurdest. Genauso stark ist der Atem auch mit den Empfindungen, Gefühlen und letztendlich mit unserer Lebenskraft verbunden, die im Wesentlichen der Energie entspricht, die im Inneren unseres Körpers fließt. Wenn man in der Lage ist, den Atem sanft an verschiedene Bereiche seines Körpers zu senden, dann kann man auch seine Lebensenergie dorthin umlenken, wo man sie haben möchtest, nämlich nach oben, bis sie das Kronen-Chakra erreicht und durchstößt, um sich mit dem Göttlichen zu vereinen.

Durch rhythmisches Atmen wird der ganze Körper in eine Schwingung versetzt, wodurch eine Kraft entsteht, die in der Lage ist, die Kundalini-Kraft zu bewegen.

Bei Atemübungen bedenke bitte, dass unser Atem sehr empfindlich ist. Kaum dass man ihn beobachtet, beginnt er sich schon zu verändern. Bei all den nachfolgenden Übungen solltest Du daher eher sanft und behutsam auf deinen Atem einwirken und nichts erzwingen. Je sanfter Du auf deinen Atem einwirkst, desto eher und tiefgreifender zeigen sich die positiven Auswirkungen. Es geht hier also nicht um einen

Leistungswettkampf, sondern darum den eigenen Körper wahrzunehmen, und mit ihm sanft und positiv zu arbeiten.

Tipp: Wenn Du mit deinem Atem arbeitest, versuche nach Möglichkeit nichts von ihm zu wollen oder auf ihn einzuwirken. Versuche eher Atem zu SEIN.

Die folgenden Atemübungen sind hoch wirksame Techniken, um die Kundalini zu erwecken.

13.1 Feueratmung (Kapalabhati)

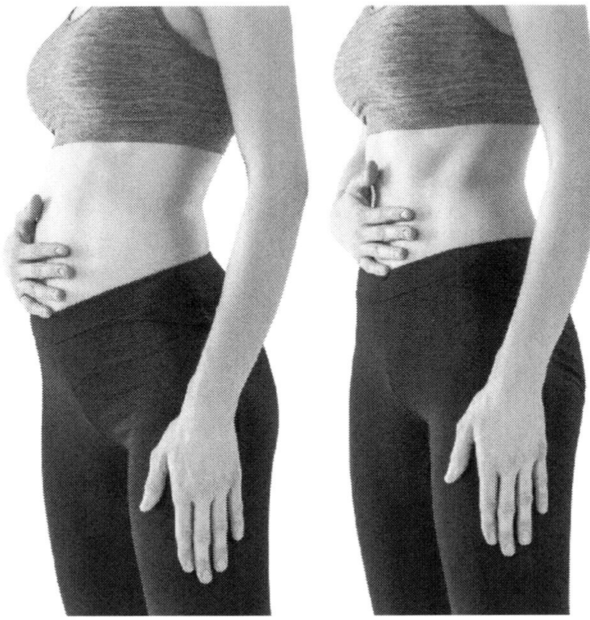

Die Feueratmung ist sehr effektiv und ihre Wirkung sofort spürbar (*Kapala* bedeutet Schädel und *Bhati* Licht, Glanz, Leuchten). Sie reinigt die beiden feinstofflichen Kanäle Ida und Pingala und das zentrale Nervensystem und bewirkt eine Klar- und Wachheit, indem der gesamte Körper mit Sauerstoff überflutet wird - was durchaus effektiver als Kaffee ist. Kapalabhati wirkt auf das Stirn-Chakra (Drittes Auge) und lässt es hell und strahlend werden. Die intensive Arbeit an diesem Chakra kann dafür sorgen, dass die Kundalini sich erhebt.

- Nehme eine bequeme Sitzhaltung ein mit aufrechtem Rücken (Lotussitz, Schneidersitz), entspanne die Schultern, ziehe sie leicht nach hinten und öffne das Brustbein. Dann schließe am besten die Augen, um dich auf deinen Körper zu konzentrieren.

- Nehme einige tiefe Atemzüge und nehme bewusst wahr, wie Du mit jeder Ausatmung mehr loslässt und dich entspannst. Besonders im Bereich des Kehlkopfes solltest Du entspannt sein.
- Bei der nächsten **Ausatmung** atme kräfig und schnell durch die Nase aus (so als wolltest Du eine Kerze mit der Nase auspusten). Forciere dabei, dass sich die Bauchmuskeln im Zwerchfellbereich zusammenziehen und der Nabel sich bewusst etwas einzieht. Dies ist an sich eine völlig normale Bewegung, nur nehme diese bewusst wahr.
- Bei der anschließenden **Einatmung** atme völlig passiv durch die Nase wieder ein - einfach dadurch, dass Du die Bauchmuskeln nach der Ausatmung wieder entspannst.
- Wiederhole diese pulsierende Atmung, d.h. kurz und stoßartig ausatmen und passiv wieder einatmen, für 12 bis 18 Male.
- Atme anschließend einmal tief ein und aus.
- Dann fülle die Lunge zu 3/4 und halte den Atem an. Konzentriere dich dabei auf die Energie, die vom

Bauch hochsteigt zum Herzchakra, zum Halschakra, zum Dritten Auge und zum Kronenchakra, bevor Du wieder ganz ausatmest.

- Atme noch einmal tief ein und aus und wiederhole die pulsierende Atmung mit anschließendem Luftanhalten für zwei weitere Durchgänge.
- Durch diese Übung wird auch deine Bauchmuskulatur gestärkt, Herz, Zwerchfell und die inneren Organe massiert sowie die Ausscheidung von Giftstoffen gefördert. Achte darauf, dass Du deinen eigenen Rhythmus findest, der für dich als angenehm empfunden wird. Sollte dir schwindlig werden oder Schmerzen aufkommen, dann halte sofort inne, bleibe ruhig sitzen und atme tief durch.

Eine kleine Anleitung zur Feueratmung findest Du auf YouTube: https://youtu.be/dBrQyAeDU1M

13.2 Wechselatmung (Anuloma Viloma)

Eine bekannte Atemtechnik des Yoga ist die Wechselatmung, bei der durch nur ein Nasenloch eingeatmet und durch das andere Nasenloch ausgeatmet wird. Medizinische Forschungen haben gezeigt, dass diese Atemtechnik die Aktivität der gegenüberliegenden Gehirnhälfte und somit die kognitive Leistungsfähigkeit steigert.

- Setze dich aufrecht hin und verschließe mit dem rechten Daumen von außen das rechte Nasenloch.
- Atme durch das linke Nasenloch 4 Sekunden lang ein, sodass deine Lungen zu etwa 3/4 gefüllt sind. Dein Bauch geht dabei nach vorn.

- Dann halte mit dem Mittelfinger auch das linke Nasenloch von außen geschlossen und halte für 4 Sekunden die Luft an.
- Öffne anschließend das rechte Nasenloch. Atme für 8 Sekunden aus, so dass die Lungen fast völlig geleert sind. Der Bauch geht dabei nach innen.
- Jetzt wiederhole den Vorgang umgekehrt: durch das rechte Nasenloch 4 Sekunden einatmen - Luft für 4 Sekunden anhalten - durch das linke Nasenloch 8 Sekunden ausatmen.
- Mache mindestens 4 bis 8 komplette Durchgänge und steigere es schrittweise auf 15 bis 20 Minuten pro Tag.
- Fange mit dem oben genannten Verhältnis an: Einatmen : Anhalten : Ausatmen = 4 : 4 : 8 Sekunden. Mit der Zeit kannst Du es steigern auf 4 : 8 : 8 Sekunden; dann 4 : 12 : 8 Sekunden bis 4 : 16 : 8 Sekunden.

13.3 Bauchatmung (Bhastrika-Pranayama)

Die Bauchatmung lässt sich gut bei einem Neugeborenen beobachten. Mit jedem Ein- und Ausatmen hebt und senkt sich im Schlaf sein kleiner Bauch. Und genau darum geht es beim Bauchatmen. Hierbei atmet der ganze Körper, sodass Atemluft ohne Anstrengungen in den Bauch und das Becken hineinströmt und der Atem durch den ganzen Körper fließt.

Beim Einatmen zieht sich das Zwerchfell zusammen und bewegt sich abwärts. Dabei wölbt sich die Bauchdecke nach vorn und im Brustraum entsteht ein Sog. Dadurch weiten sich die Lungen und man atmet ein.

Beim Ausatmen entspannt sich das Zwerchfell und die verbrauchte Luft wird aus den Lungen gepresst. Dieser Prozess wird durch das Zusammenziehen der Rippen unterstützt.

Du musst Du also den Bauch herausdrücken, während Du eine maximale Luftmenge einatmest und dann den Bauch einziehen, während Du die Luft während des Ausatmens natürlich zurückfließen lässt. Bei der Bauchatmung sollte sich dein Zwerchfell mit jedem Atemzug heben und senken, wobei die Ausatmung zweimal so lang wie die Einatmung ist.

Diese Atemtechnik dient zur Entwicklung eines ruhigen und fokussierten Geistes.

Wenn Du mit deinem ganzen Körper atmest, wirkt sich dies auf alle Körperteile bis zu den kleinsten Zellen beruhigend aus. Tiefe und langsame Atemzüge helfen dir dabei, deine Lunge von abgestandener Luft zu befreien und für sauerstoffreiches Blut zu sorgen, das der Körper braucht. Durch die Maximierung von Sauerstoff im Blut wird der Körper energetisiert und gewinnt Kontrolle über den Geist, indem der Fluss der Lebenskraft, also die Luft, die wir atmen, reguliert wird.

Für Fortgeschrittene:

Um die Bauchatmung zu vertiefen, eignet sich der Vierfüßlerstand.

- Gehe hierzu auf alle Viere, entspanne den Bauch und atme ruhig und tief ein.

- Ziehe beim **Ausatmen** den Nabel kräftig in Richtung Wirbelsäule, so dass Du einen Katzenbuckel bekommst.
- Mit der **Einatmung** entspanne den Bauch wieder, so dass er etwas nach unten sinkt.
- Mit der Ausatmung ziehe den Nabel wieder nach oben.
- Wiederhole den Vorgang und konzentriere dich hauptsächlich auf eine tiefe Ausatmung - die tiefe Einatmung kommt automatisch.
- Spüre anschließend im Sitzen nach und beobachte die Wirkung und Kraft deiner Atmung.

Die Bauchatmung hilft "vom Kopf in den Bauch" zurückzukehren. Dadurch kann sich der Geist beruhigen. Außerdem bietet die Bauchatmung das größte Atempotenzial, indem das größtmögliche Atemvolumen ausgeschöpft wird.

14. Kundalini Yoga Asanas

Yoga verändert nicht nur die Art, wie wir die Dinge sehen; es verändert die Person, die sieht.

B.K.S. Iyengar, indischer Yoga-Lehrer

Kundalini Yoga ist eine Yoga-Schule, die sich auf die Erweckung der Kundalini-Energie konzentriert durch Praktizieren von speziellen **Yoga-Übungen (Asanas), Atemtechniken (Pranayama), Meditationen und Mantra-Gesängen.** Es ist eine der effektivsten Methoden, um die Kundalini-Energie zu erwecken. Hierbei wird gezielt das spirituelle Potential eines Menschen und seine ihm innewohnenden Kräfte und Fähigkeiten genährt und kultiviert.

Die Praxis des Kundalini-Yogas, auch "yogisches Gewahrsein" genannt, zielt darauf ab, die inaktive und schlafende Kundalini-Energie zu erwecken, von der man ausgeht, dass sie an der Basis der Wirbelsäule zusammen gerollt liegt. Ziel ist es, diese Energie freizusetzen, so dass sie sich ihren Weg durch die Hauptchakren bahnt und sich emporarbeitet, bis sie das Kronenchakra erreicht und durchdringt.

Die Yoga-Übungen, Atemtechniken, Mantra-Gesänge und Meditationen sind essentiell, um Körper, Geist und

Nervensystem auf den Umgang mit der erwachenden Kundalini-Energie vorzubereiten, sie zu handhaben und sicher mir ihr umzugehen. Wenn diese erwacht, beginnt sie mit dem Aufstieg von der Basis der Wirbelsäule aus. So konzentrieren sich die meisten der körperlichen Übungen und Stellungen hauptsächlich auf den Nabel und den Bereich um die Wirbelsäule.

Die Yoga-Übungen (Asanas) werden in Verbindung mit Atemtechniken (Pranayama) praktiziert, um die Wirkung der Übung zu verstärken. Manche Übungen werden für eine gewisse Dauer oder mehrmals hintereinander ausgeführt in Verbindung einer bestimmten Atemmethode.

Der Prozess des spirituellen Kundalini-Erwachens ist etwas, das mit großer Sorgfalt und großem Respekt angegangen werden sollte. Eine Person, die nach spirituellem Erwachen strebt, sollte daher nur die reinsten Absichten haben. Und sie sollte eine feste und stabile moralische Basis besitzen, solide Werte und Überzeugungen und einen gewissen Grad an Disziplin mitbringen.

Obwohl jeder über eine Kundalini verfügt, schadet es einer Person mehr als das es ihr nützt, wenn sie versucht, sie mit den falschen Absichten anzuregen. Der Akt des Erwachens muss aus einem reinen Herzen herrühren; mit einem Herz, das nichts anderes als das Einssein mit dem Göttlichen sucht; ein Herz, das die mit dem Erwachen der Kundalini einhergehende Macht zum Wohle aller einsetzen will; ein Herz, das offen, mitfühlend, wahr und gütig ist; ein Herz, das danach strebt zu heilen und zu dienen.

Yoga für das spirituelle Kundalini-Erwachen muss auf eine liebevolle Weise praktiziert werden; so werden die Lebenskräfte und -energien auf eine harmonische und sichere Weise entfesselt, freigesetzt und befreit. Wichtig ist hierzu, zunächst die Phase der Reinigung und Säuberung zu durchlaufen sowie Körper und Nervensystem zu stärken und zu konditionieren.

Die folgenden Yoga-Übungen sollen dich durch die Kundalini-Praxis geleiten. Jede Minute, die Du auf die Praxis verwendest, wird sich vorteilhaft auswirken. Du könntest mit nur viertel Stunde täglich beginnen. Sobald Du die ersten positiven Veränderungen spürst, wirst Du motiviert sein, länger zu üben.

Manche Kundalini-Übungen sind kurz genug, um auch in einen vollen Tagesplan zu passen. Selbst eine dreiminütige Übung wirkt sich positiv aus, wenn sie regelmäßig praktiziert wird.

Nimm dir die Zeit, die Du brauchst, genieße jede Stellung und mache dir selbst das Geschenk einer entspannten Zeit - selbst wenn es nur wenige Minuten sind. Während der Ausführung von Yoga-Übungen kannst Du - auch nur in

Gedanken - Mantras singen bzw. rezitieren. Dies hilft, den Geist zu konzentrieren und das Unterbewusstsein zu reinigen.

14.1 Rhythmische Wirbelsäulenbeuge

- Setze dich in eine bequeme Position auf den Boden und umfasse deine Fußgelenke.
- Atme tief ein und drücke die Brust nach vorne, als wolltest Du ein Hohlkreuz machen. Lasse die Schultern entspannt und den Kopf gerade. Bewege den Kopf nicht auf und ab.
- Mit der Ausatmung krümme die Wirbelsäule, so als wolltest Du einen Katzenbuckel machen.
- Bewege nun die Wirbelsäule rhythmisch zum Atem in einem mittleren Tempo - nach vorn und wieder zurück.

Atme vorwärts ein, atme rückwärts aus. Lass deine Schultern mit der Wirbelsäule und dem Oberkörper mitgehen. Lass deinen Atem in einer beruhigenden und leichten Art fließen.

- Versuche die Energie zu spüren, die bei Einatmen entlang der Wirbelsäule fließt und beim Ausatmen durch das Dritte Auge.

Eine Demonstration dieser Übung findest Du auf YouTube: https://youtu.be/7P8osOovAwI

14.2. Beckenrotation

- Setze dich in eine bequeme Position auf den Boden und lege die Hände auf deine Knie.
- Komme nun mit Hilfe des Beckens in eine rotierende Bewegung, so als ob Du etwas mit dem Hintern zermalmen wolltest.
- Dauer: 1 bis 2 Minuten in jede Richtung.

14.3 Nackenrollen

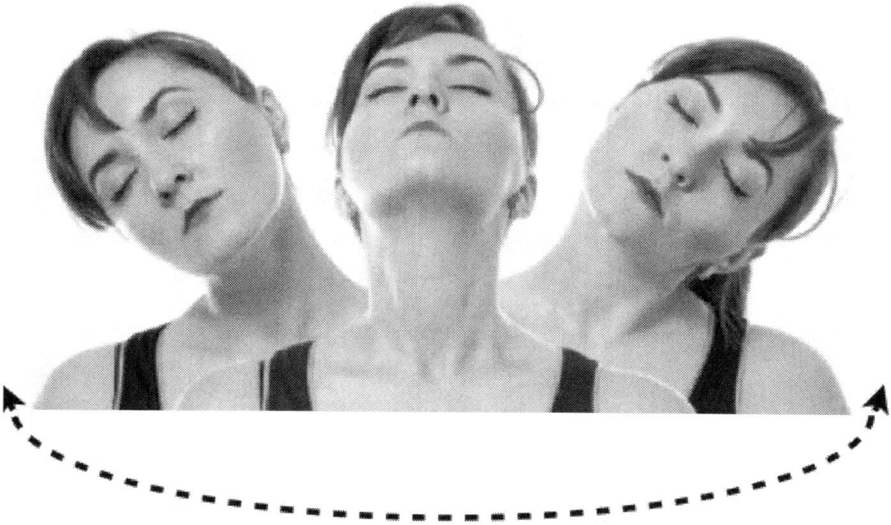

- Nehme eine aufrechte, aber entspannte Position ein.
- Rolle deinen Kopf langsam von der rechten und zur linken Seite und wieder zurück.
- Lasse dabei den Kopf und alle angespannten Bereiche locker. Nutze nur das Gewicht des Kopfes, wenn er zur der einen oder anderen Seite geht. Stelle dir dabei vor, wie dein Kopf den gesamten Körper kontrolliert.

14.4 Wirbelsäulenbeuge auf den Fersen

Diese Übung wirkt auf den mittleren Bereich der Wirbelsäule und das Herz-Chakra.

- Setze dich auf die Fersen und lege die Hände flach auf Oberschenkel oder Knie.
- Atme ein, während Du die Wirbelsäule leicht nach vorn drückst, und atme aus, wenn Du die Wirbelsäule zurückziehst. Komme dabei in eine rhythmische Bewegung, während Du kraftvoll in einem mäßigen Tempo ein- und ausatmest (ähnlich wie bei Übung 1).
- Dauer: 1-2 Minuten.

14.5 Rumpfdrehung

Diese Übung dient der Flexibilität der oberen Wirbelsäule und des Geistes und öffnet das Herzchakra. Sie kann im Stehen oder auf den Fersen ausgeführt werden.

- Lege die Hände auf die Schultern. Die Finger sollten nach vorne und die Daumen nach hinten zeigen.
- Mit der Einatmung drehe den Oberkörper nach links und mit der Ausatmung dreht nach rechts. Halte die Ellenbogen parallel zum Boden und nehme bei den Drehungen den Kopf mit.
- Spüre die Rotation in deiner Wirbelsäule.
- Dauer: 1-2 Minuten
- Am Ende atme in dein Zentrum, halte den Atem an und wende den Wurzelverschluss (Mula Bandha) an

(Kontraktionen entlang des Damms und Beckenbodens). Dann atme aus, entspanne und spüre, wie die Energie besonders auf der Höhe des Herzens zirkuliert.

14.6 Kobra (Bhujangasana)

Diese Übung stärkt den unteren Rücken und löst Spannungen auf. Sie harmonisiert den Fluss der sexuellen Energie (Sakralchakra/Sexualchakra).

- Lege dich auf den Bauch mit angewinkelten Armen. Die Handflächen sollten auf Höhe der Schultern sein. Die Beine sind gestreckt und die Oberschenkelmuskeln angespannt, um die Lendenwirbelsäule zu stützen.
- Atme langsam und tief ein und rolle dich Wirbel für Wirbel nach oben, beginnend beim Kopf. Drücke dich dabei langsam mit den Händen nach oben, bis Du dich so weit wie möglich zurückgewölbt hast, ohne dass es im unteren Rücken zu einer schmerzhaften Zerrung kommt. Achte dabei, dass Du nicht die Schultern nach hinten ziehst. Halte die Schultern entspannt, auch wenn Du die Arme anwinkelst. Lege dabei deinen Kopf in den Nacken und

schaue nach oben. Deine Gesichtsmuskeln sollten entspannt sein. Die Füße und Beine bleiben auf dem Boden liegen.

- Konzentriere dich auf die Dehnung von der Mitte des Herzens an aufwärts.
- Praktiziere die Feueratmung (mehrfache pulsierende Ausatmung durch die Nase, passive Einatmung)
- Atme anschließend langsam aus und komme dabei Wirbel für Wirbel wieder mit dem Oberkörper auf den Boden.
- Dauer: 2-3 Minuten
- Am Ende atme ein, halte die Luft an und ziehe die Energie mit dem Wurzelverschluss (Mula Bandha) entlang der Wirbelsäule nach oben.
- Anschließend entspanne dich für ein bis drei Minuten.

14.7 Yoga Katze

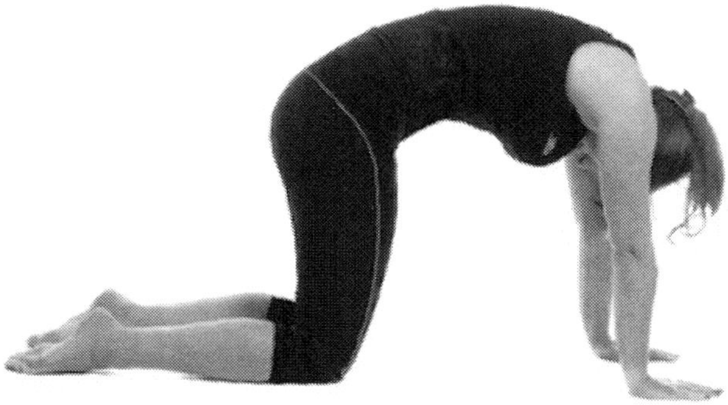

- Komme auf Hände und Knie. Die Knie stehen schulterbreit auseinander (Vierfüßlerstand).
- Atme ein, während Du deine Wirbelsäule nach unten ziehst und halte deinen Kopf aufrecht.
- Atme aus, während Du deine Wirbelsäule nach oben drückst (Katzenbuckel) und in eine bogenförmige Haltung kommst. Dein Kopf zeigt dabei nach unten und die Arme sind durchgedrückt.

- Mache rhythmische und kräftige Atemzüge, während Du die Wirbelsäule nach unten und nach oben drückst. Erhöhe allmählich die Geschwindigkeit, während deine Wirbelsäule immer flexibler wird.
- Dauer: 1-3 Minuten
- Abschluss: Atme beim Katzenbuckel ein und ziehe die Energie mit dem Wurzelverschluss (Mula Bandha) entlang der Wirbelsäule nach oben.
- Dann atme aus und gehe in den Fersensitz. Lass den Atem langsamer werden. Spüre, wie die Energie in deinem Körper zirkuliert. Konzentriere dich auf das Dritte Auge.

14.8 Halbe Brücke

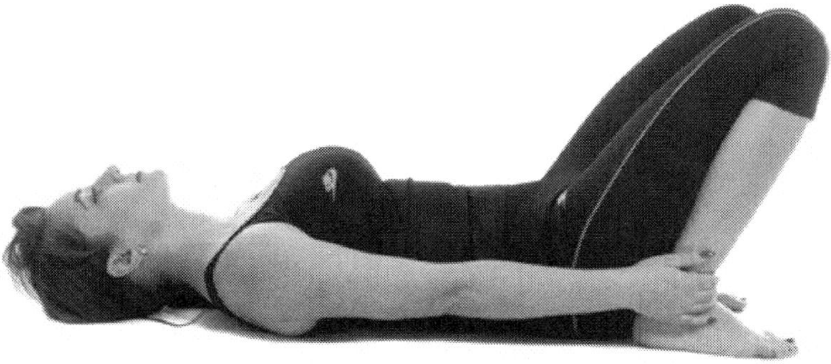

- Dies ist eine relativ einfache, aber sehr wirkungsvolle Übung, um die Kundalini zu erwecken.
- Lege dich auf den Rücken und entspanne dich einfach für einen Moment.
- Dann beuge die Knie und ziehe die Fersen in Richtung des Gesäßes, wobei die Füße flach auf dem Boden liegen.
- Umfasse deine Knöchel und hebe mit der Einatmung langsam deine Hüfte. Wölbe die untere Wirbelsäule und hebe deinen Nabel gen Himmel.

- Halte den Atem an, während Du dich sanft noch etwas weiter nach oben streckst, so wie es für dich noch angenehm ist.
- Dann atme durch die Nase aus und komme wieder mit dem Rücken nach unten.
- Wiederhole diese Heb- und Senk-Bewegung langsam mindestens zwölf Mal, während Du dies mit deiner Atmung synchronisierst. Steigere dich um 1 bis 2 Wiederholungen pro Tag bis Du bei 26 Wiederholungen angelangt bist.

14.9 Seitbeugen

Seitbeugen stimulieren die Leber und den Darm und erhöhen die Flexibilität der Wirbelsäule.

- Setze dich auf den Boden in den Schneidersitz (Sukhasana).
- Umfasse die Hände hinter dem Kopf und hake die Finger ineinander (Venus Lock Mudra).

- Beuge dich seitwärts über die Taille, wobei die Ellenbogen in Richtung Boden neben der Hüfte zeigen.
- Atme bei der Beugung nach links ein und bei der Beugung nach rechts wieder aus. Der Rücken sollte dabei gerade, nicht gewölbt und auch nicht angespannt sein, während Du dich zur Seite neigst.
- Dauer: 1-2 Minuten oder 26 Wiederholungen
- Diese Übung kann auch im Stehen ausgeübt werden.

14.10 Schulterheben

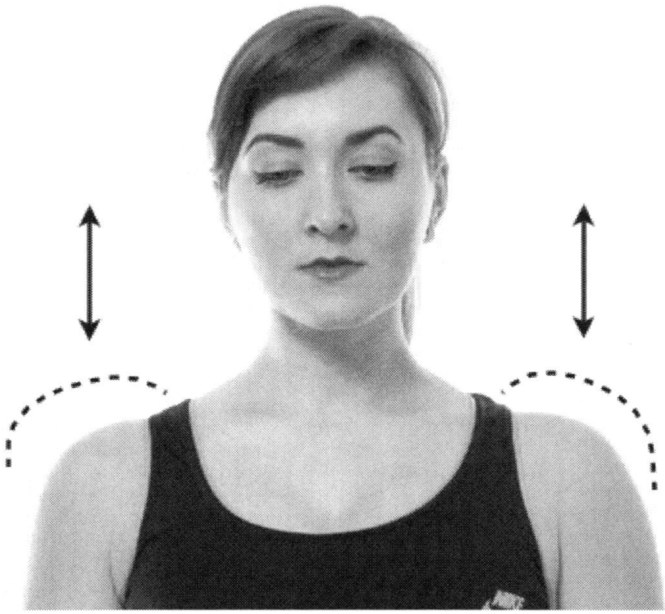

Diese Übung lockert Spannungen in den Schultern und im oberen Rücken.

- Setze dich in den Schneidersitz (Beine über Kreuz) oder in den Fersensitz (mit dem Po auf den Fersen sitzen).
- Ziehe beide Schultern beim Einatmen nach oben und beim Ausatmen nach unten.
- Dauer: 1-2 Minuten.
- Zum Abschluss: Atme ein, halte die Luft an und wende den Wurzelverschluss an. Dann entspanne dich.

14.11 Auf- und Abrollen der Wirbelsäule

Diese Übung lässt die Energie zirkulieren und entspannt die Wirbelsäule.

- Nehme dir eine weiche Unterlage (Yoga-Matte; Teppich), setze dich aufrecht hin und ziehe deine Knie zur Brust.
- Dann umfasse die Knie mit den Armen und rolle auf der Wirbelsäule auf und ab. Massiere dabei sanft die Wirbelsäule vom Hals abwärts bis hin zum Steißbein.
- Dauer: 1-2 Minuten.

14.12 Abwechselnde Beindehnungen

Diese Übung öffnet das Becken, dehnt den unteren Rücken und die Beinmuskulatur.

- Spreize die Beine weit auseinander und versuche die Zehen zu umfassen oder irgendeine andere Stelle auf den Beinen, bei der es dir möglich ist, die Knie gerade zu halten.
- Atme tief ein. Mit einer kräftigen Ausatmung beuge den Oberkörper in Richtung des linken Beins. Du musst nicht bis zum Bein hinunterkommen. Wichtig ist es, die obere Wirbelsäule gerade zu halten und sie nicht zu wölben oder zu beugen.

- Dann komme wieder zur Mitte und atme wieder tief ein. Mit der nächsten Ausatmung beuge den Oberkörper in Richtung des rechten Beins.
- Dauer: 1-2 Minuten.
- Zum Abschluss: Atme ins Zentrum ein, halte den Atem an und wende den Wurzelverschluss an. Dann bringe die Beine zusammen und wippe mit ihnen ein paar Mal hin und her, um die Muskeln zu entspannen und sie zu massieren.

14.13 Sitzende Vorwärtsbeuge (Paschimottanasana)

Die Übung dehnt die Beinmuskeln und lockert den unteren Rücken. Sie wird im Kundalini Yoga auch **Lebensnerv-Streckung** genannt, da sie auch gut ist für den Ischiasnerv, den längsten Nerv des menschlichen Körpers, der im unteren Rücken beginnt und sich durch die Beine bis hin zum Fuß zieht.

- Setze dich auf den Boden oder eine Yoga-Matte und strecke die Beine aus.
- Dann bringe den linken Fuß zum rechten Oberschenkel.
- Halte die großen Zehen, die Fußknöchel oder wo es für dich angenehm ist mit deinen Fingern. Dann verlängere die Wirbelsäule, indem Du dich bei der Ausatmung mit deinem Oberkörper über das rechte Bein beugst. Lasse

dabei das linke Bein flach auf dem Boden liegen. Wichtig dabei ist, die Spannung in deinem rechten Bein zu spüren.

- Halte diese Stellung und atme tief und lang ein und aus oder praktiziere die Feueratmung. Komme anschließend wieder nach oben und wiederhole die Übung 8 mal. Beim letzten Mal atme tief ein und mehrere Male kurz aus, wobei Du noch etwas mehr in die Dehnung gehst.
- Wechsele anschließend die Seite.
- Dauer: ca. 1-2 Minuten auf jeder Seite.
- Zum Abschluss: Winkele die Beine an, lasse sie nach rechts und nach links fallen und schüttele die Muskeln aus. Anschließend massiere die Beinmuskulatur.

Eine Demonstration dieser Übung findest Du auf YouTube: https://youtu.be/LT6xruABsyE

14.14 Schulterstand (Sarvangasana) & Pflug (Halasana)

Diese beiden Asanas beugen und dehnen die gesamte Wirbelsäule, insbesondere Hals- und Brustwirbel. Sie stimulieren die Schilddrüsen und das Hals-Chakra und entspannen und energetisieren die Wirbelsäule.

- Lege dich auf eine weiche Unterlage (Yoga-Matte u. ä.). Die Arme liegen rechts und links neben deinem Körper mit den Handflächen nach unten.
- Stecke Beine, Hüfte, Po und Oberkörper nach oben in einer geraden Linie zur Decke. Wenn Du möchtest, kann Du den Körper mit den Händen an der Taille stützen.

- Halte diese Position für 1 bis 2 Minuten, während Du lang und tief in diese Position hinein atmest.
- Lege dann die Beine hinter dem Kopf in der Pflugstellung ab, wobei die Arme auf dem Boden ruhen und die Hände ineinander gefaltet sind. Verweile dort für eine Minute, bevor Du langsam den Oberkörper Wirbel für Wirbel auf dem Boden abrollst.

14.15 Yoga Fisch (Matsyasana)

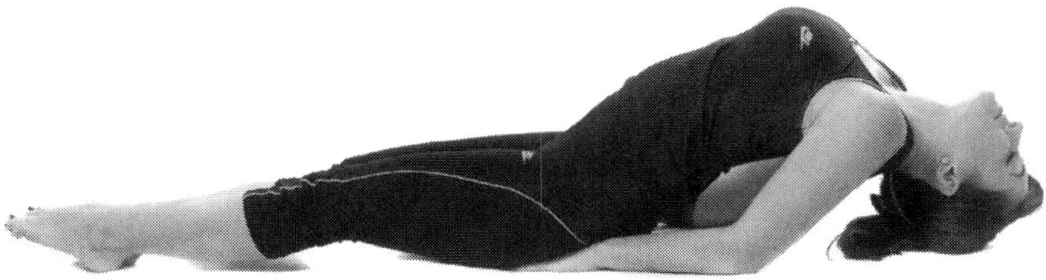

Der Yoga Fisch ist die Gegenstellung zum Pflug und zum Schulterstand. Sie stimuliert die Schilddrüse und das Hals-Chakra, hilft bei Verspannungen im Nacken und bei Müdigkeit und Trägheit.

- Lege dich mit ausgestreckten Beinen auf den Rücken.
- Atme tief ein und spanne die Muskeln im Lendenwirbelbereich an. Hebe dann das Brustbein nach oben und ziehe deine Schulterblätter zusammen. Der Kopf wird dabei automatisch nach hinten auf seinen Scheitelpunkt gezogen. Das Gewicht ruht aber auf den Ellbogen und nicht auf dem Kopf.
- Dauer: 1 bis 2 Minuten mit normaler Ein- und Ausatmung oder Feueratmung

14.16 Bauchmuskelübung (Navasana)

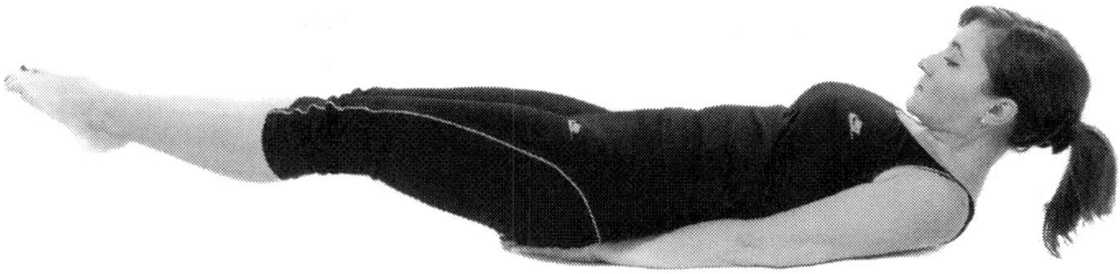

Diese Asana öffnet und heilt das Solarplexus-Chakra. Es ist der Sitz der Willenskraft und es ist wichtig, dieses Zentrum schön frühzeitig in deine tägliche Yoga-Praxis zu integrieren, da sie Stärke verleiht, um Dinge zu Ende zu bringen.

Die Übung verbessert das Verdauungssystem, kräftig den Rumpf und baut Bauchmuskeln auf. Sie hilft auch dabei, ein 6-Pack zu entwickeln.

Anweisungen:

- Lege dich auf den Rücken und schiebe deine Hände unter deine Pobacken. Die Handflächen zeigen nach unten.
- Hebe deine Fersen ca. 15 cm an. Die Zehen zeigen von dir weg.
- Hebe deinen Kopf leicht an. Dein Blick ist auf deine Zehen gerichtet. Du wirst merken, dass die Bauchmuskeln sofort anfangen zu arbeiten.
- Dauer: 15 Sekunden - 11 Minuten

14.17 Yoga-Rudern

Diese Übung öffnet das Solarplexus-Chakra und fördert die Oberschenkelmuskulatur und die Hüften.

- Setze dich aufrecht auf eine Matte und strecke die Beine.
- Strecke ebenfalls die Arme nach vorne, wobei die Handflächen zueinander zeigen und die Daumen nach oben zeigen. Die Finger zeigen nach vorne.

- Mit der Einatmung lehne dich um ca. 30 Grad zurück. Mit der Ausatmung lehne dich mit etwa dem gleichen Winkel nach vorn.
- Fahre damit fort und bewege dich in einem mittleren Tempo.
- Dauer: 1-3 Minuten.

14.18 Yoga-Adler (Garudasana)[8]

Der Yoga-Adler ist eine schöne Gleichgewichtshaltung hilft dir dabei, deine Willenskraft und deinen Geist zu entwickeln und führt zu mehr Gelassenheit. Er steigert die Flexibilität in Hüften, Beinen und Schultern und sorgt für ein Gleichgewicht von Körper und Geist.

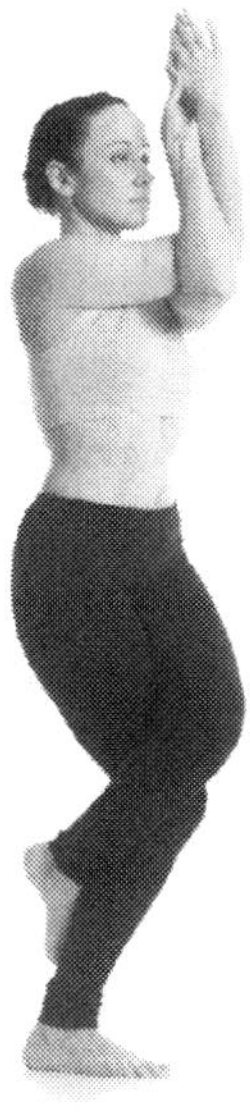

- Stelle dich auf den Boden, wobei sich die Füße berühren.
- Stemme deine Hände zur Stabilisierung in die Hüfte und gehe leicht in die Knie.

[8] Eine Anleitung findest Du auf YouTube: https://youtu.be/LHQklDOnmUE

- Dann lege dein linkes über dein rechtes Bein, so wie man es oft im Sitzen auf einem Stuhl macht, und umwickele damit das rechte Bein. Bringe dabei den linken Fuß an die Außenseite der rechten Wade.
- Führe nun den linken Arm unter den rechten Arm, so dass der rechte Ellbogen in der Armbeuge des linken Arms ruht. Ober- und Unterarme bilden dabei einen rechten Winkel. Bringe die Hände zueinander.
- Verharre in dieser Position einige Sekunden.
- Wenn dir diese Stellung gut gelingt, dann lässt sich das Ganze noch steigern, indem Du mit der Ausatmung noch etwas in die Knie gehst und dort nach Möglichkeit ein paar Atemzüge verweilst.
- Dauer: einige Sekunden bis 1 Minute
- Wiederhole die Übung auf der anderen Seite.

Diese Übung ist nicht ganz einfach. Besonders das Stehen auf einem Bein ist für Ungeübte am Anfang etwas schwierig. Gib dennoch beim ersten Anzeichen von Unbehagen nicht gleich auf. Versuche, wenn Du deine Yoga-Praxis entwickeln möchtest, diese Stellung mit der Zeit länger zu halten. Dies wird dir dabei helfen, deine Willenskraft und deinen Geist zu entwickeln. Aber übertreibe es als Anfänger nicht!

14.19 Leichenstellung (Shavasana)

Diese Übung erlaubt es dem Körper, die Vorteile aus den vorherigen Übungen zu manifestieren. Sie lässt den Körper vollkommen entspannen und Frieden finden. Sie hilft zudem zur Selbstheilung und zur Erneuerung.

- Lege dich mit dem Rücken auf eine Yoga-Matte. Die Arme liegen dabei ungefähr 15-30 cm entfernt von deinem Körper an den Seiten. Drehe die Handflächen leicht nach oben.
- Schließe die Augen und versuche ganz bewusst den gesamten Körper zu entspannen. Lasse alle Spannungen und Sorgen los und verbleibe so gut wie möglich im gegenwärtigen Moment - ohne dabei einzuschlafen.
- Dauer: 5 Minuten

15. Stärkungs-Kriya

Wer Yoga übt, entfernt das Unkraut aus dem Körper, sodass der Garten wachsen kann.

(Bellur Krishnamachar Sundararaja Iyengar, Erfinder des Iyengar-Yoga)

Der entscheidende Start in eine spirituelle Praxis ist es, mit schlechten Gewohnheiten zu brechen und eine innere Stärke zu finden. Eine der fundamentalsten Kundalini-Handlungen (Kriyas), um eine solche innere Stärke aufzubauen, besteht aus einer **Serie von 12 Stellungen**, die als **Stärkungs-Kriya** bezeichnet wird. Diese Kombination von Bewegungen und Atemtechniken bieten ein außergewöhnliches Training für den Rumpf. Auf einer tieferen Ebene wird dabei das dritte Chakra gereinigt und aktiviert. Es ist das Energiezentrum am Nabel, das die Quelle der Willenskraft darstellt, dort wo Transformation und Aktivierung beginnen. Wenn die Energien am 3. Chakra aktiviert und ausgeglichen sind, fühlt man sich geerdet und das Bedürfnis, nach etwas außerhalb seines Selbst zu suchen, tritt in den Hintergrund.

Versuche dieses Stärkungs-Kriya täglich für die nächsten **40 Tage** zu praktizieren. Gemäß der Kundalini-Theorie ist das der Zeitraum, den es braucht, um ein neues Verhaltensmuster zu manifestieren. Am besten übst Du früh am Morgen, wenn Du noch nicht mit den Alltagssorgen des Tages belastet bist.

Mache das Stärkungs-Kriya zu einer neuen Gewohnheit und Du wirst sehen, dass negatives Denken, Selbstzweifel, Prokrastination (Aufschieben) und Gefühle des Ärgers langsam dahinschmelzen und ersetzt werden durch Zufriedenheit, Erfüllung, Freiheit und Durchhaltevermögen.

Schritt 1: Kundalini Mantra

Beginne, indem Du das folgende Kundalini-Mantra dreimal singst: **Ong namo guru dev namo** („Ich verbeuge mich vor dem göttlichen schöpferischen Bewusstsein des Universums, für den Weg vom Dunkel zum Licht.")

Fahre nun mit den folgenden Übungen fort. Mache sie langsam und lege Pausen ein, wenn es notwendig ist. Taste dich allmählich an die Zeitvorgaben heran, die für jede Stellung angegeben sind. Halte die Augen geschlossen und konzentriere dich auf dein Drittes Auge, dein Energiezentrum zwischen deinen Augenbrauen. Vertiefe deinen Fokus, indem Du beim Einatmen mental „Sat" (Wahrheit) wiederholst und beim Ausatmen „Nam" (Identität). Nach jeder Stellung solltest Du für eine halbe bis eine Minute eine Pause einlegen.

Schritt 2: Alternierendes Beinheben

Diese Übung bringt Energie in den Solar-Plexus (am Bauchnabel).

- Lege dich mit dem Rücken auf eine Yoga-Matte. Lege deine Arme rechts und links neben deinen Körper. Solltest Du während der Übung mehr Unterstützung brauchen, lege deine Arme unter den unteren Rücken.
- Atme langsam ein, während Du den Unterbauch nach innen ziehst und dein linkes Bein um 90 Grad nach oben hebst. Die Zehen zeigen in Richtung Decke.
- Atme langsam aus, während Du das Bein wieder absenkst.
- Wechsle das linke und das rechte Bein ab.
- Gesamtdauer: 3 Minuten

Schritt 3: Überkreuz-Übung

Diese Übung baut die Energien um das Solarplexus-Chakra auf. Gleichzeitig ist es eine Koordinierungsübung, die sich positiv auf das Zusammenwirken von linker und rechter Gehirnhälfte auswirkt und die integrative Nutzung beider Gehirnhälften fördert.

- Bleibe auf deiner Yoga-Matte liegen und strecke deine Beine aus. Die Arme liegen seitlich am Körper.
- Atme ein und ziehe dein rechtes Knie zur Brust, während dein linker Arm nach hinten über den Kopf geht.
- Atme aus und strecke dein rechtes Bein wieder aus und bringe deinen linken Arm wieder nach vorn und zurück zum Boden.
- Nun tausche die Seiten und fahre mit dem Wechsel fort.

- Verbinde die Bewegungen mit langen und tiefen Atemzügen. Konzentriere dich dabei auf den Bereich um deinen Nabel, um Energie um dein drittes Chakra, das Solarplexus Chakra aufzubauen.
- Gesamtdauer: 3 Minuten

Schritt 4: Nach unten schauender Hund (Adho Mukha Svanasana)

Diese Stellung lässt die Energie zum Gehirn fließen.

- Gehe erst in den Vierfüßlerstand und hocke dich mit Händen und Knien auf deine Yogamatte. Die Hände sollten auf Höhe der Schultern aufgestellt werden, die Ellbogen gestreckt sein und die Knie unterhalb der Hüften sein.
- Spreize die Finger auseinander und drücke sie in die Matte, so dass das Gewicht gleichmäßig auf Handflächen und Finger verteilt wird. Die Daumen berühren sich.
- Atme langsam aus, während Du die Zehen anziehst und die Knie vom Boden nimmst. Die Beine werden dabei gesteckt,

die Hüfte geht nach oben und der Hintern bewegt sich nach hinten. Der Körper bildet mit dem Boden ein Dreieck. Arme und Ellbogen sind leicht nach außen gedreht. Oberarme und Ohren sollten auf einer Ebene sein und der Kopf in einer Linie mit dem Rücken.

- Dauer: Versuche diese Pose für 15 Sekunden bis 3 Minuten zu halten, je nach deiner derzeitigen Kondition. Nehme dabei lange und tiefe Atemzüge und halte nicht den Atem an!
- Zum Verlassen der Pose atme ruhig aus, beuge die Knie und komme wieder in den Vierfüßlerstand und ruhe dich kurz aus. Dann richte dich langsam Wirbel für Wirbel auf, nimm die Arme nach oben über den Kopf und atme dabei noch einmal tief ein und aus, während sich die Arme langsam absenken.

Schritt 5: Die Kobra (Bhujangasana)

Diese Asana leitet Energie zur Wirbelsäule und öffnet die Brust.

- Lege dich auf deinen Bauch mit angewinkelten Armen und gestreckten Beinen und spanne die Oberschenkelmuskeln an, um die Lendenwirbelsäule zu stützen. Positioniere deine Hände unter den Schultern. Die Finger sind weit gespreizt.
- Atme ein und rolle Wirbel für Wirbel den Körper ein, vom Kopf beginnend. Diesmal kannst Du die Arme zu Hilfe nehmen. Drücke langsam deinen Oberkörper mit den Armen höher und behalte eine leichte Beugung in den Ellenbogen. Die Füße und Beine bleiben auch bei dieser Stellung beieinander und auf dem Boden liegen. Die Endposition ist dann erreicht, wenn Du fühlst, dass deine gesamte Wirbelsäule gleichmäßig und maximal nach hinten gebeugt ist.

- Lege deinen Kopf in den Nacken und schaue nach oben. Achte darauf, dass Du nicht die Schultern nach hinten ziehst. Die Brust ist offen, die Arme sind leicht angewinkelt und die Schultern entspannt. Auch deine Gesichtsmuskeln sollten entspannt sein.
- Dauer: Halte die Stellung für 2 Minuten und nehme ein paar tiefe Atemzüge.

Schritt 6: Bauchpresse

Diese Stellung stärkt die Willenskraft und baut weitere Energie um das dritte Chakra auf.

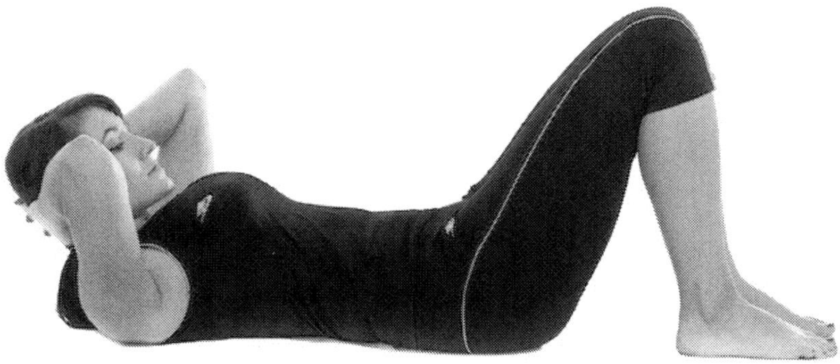

- Lege dich auf den Rücken, ziehe die Knie an und stelle die Füße in hüftbreitem Abstand auf den Boden.
- Verschränke deine Hände bei ausgebreiteten Ellenbogen hinter dem Kopf.
- Atme aus und zähle bis 6, während Du in eine Bauchbeuge kommst und den Unterbauch einziehst.
- Während Du deinen Rücken langsam senkst, zähle bis 6 und atme dabei ein.
- Dauer: Wiederhole die Übung 2 Minuten lang.

Schritt 7: Stretchübung mit Feueratmung

Diese Übung fördert Entschlossenheit und Selbstachtung. Sie wirkt beruhigend und verjüngend.

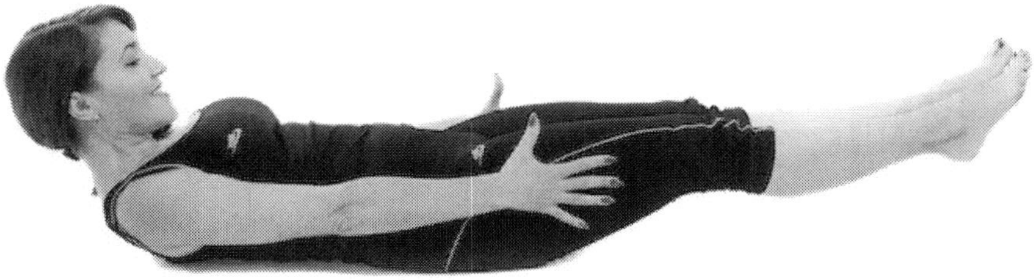

- Lege dich auf den Rücken und strecke die Beine aus; die Arme liegen seitwärts an.
- Hebe Oberkörper, Brust, Kopf und Arme vom Boden ab und ziehe dein Kinn ein. Deine Finger sowie deinen Blick zeigen in Richtung deiner Zehen.
- Halte deinen unteren Rücken auf dem Boden, während Du die Beine 15 cm vom Boden abhebst.
- Dauer: Halte diese Position für 2 Minuten. Praktiziere dabei die Feueratmung (Kapalabhati): Atme zuerst ein, indem Du den oberen Teil der Bauchmuskeln entspannst und es den Lungen erlaubst, sich zu füllen. Atme dann aus, indem Du den Nabel nach innen und oben zur Wirbelsäule ziehst, während Du den Atem kräftig aus der Nase herausdrückst. Arbeite dich auf 2 bis 3 Zyklen pro Sekunde hoch.

Schritt 8: Beintreten

Diese Übung gleicht die Energie zwischen deinem Nabel und deinen unteren Chakren aus. Gleichzeitig ist es eine hervorragende Übung für die untere Bauchmuskulatur.

- Lege dich auf den Rücken. Die Arme liegen dabei mit den Handflächen nach unten längs neben deinem Oberkörper. Falls Du den unteren Rücken unterstützen musst, lege die Hände unter dein Kreuzbein oder dein Becken.
- Ziehe mit der Einatmung das linke Bein zu deinem Brustkorb. Mit der Ausatmung strecke das Bein wieder aus und ziehe gleichzeitig das rechte Bein zu deinem Brustkorb. Die Beine wechseln nun in einer kolbenartigen Bewegung. Konzentriere dich dabei auf den Bereich um deinen Nabel.
- Gesamtdauer: 2 Minuten.

Schritt 9: Der Bogen (Dhanurasana)

Diese Asana versorgt die Wirbelsäule mit viel Energie und stimuliert das 3. Chakras rund um den Nabelbereich. Gleichzeitig verbessert sie die Verdauung.

- Lege dich mit dem Bauch auf deine Yogamatte. Die Arme liegen längs neben dem Oberkörper.
- Winkele deine Knie an und umfasse mit den Händen deine Füße.
- Mit der Einatmung hebe Oberschenkel und Brust von Boden ab. Halte dabei den Nacken gestreckt.
- Gesamtdauer: Bleibe in dieser Position für 2 Minuten.
- Zum Abschluss: Mit der letzten Ausatmung lasse los und lege dich wieder auf den Bauch. Lege die Arme seitlich längs neben den Oberkörper und drehe den Kopf zu einer Seite. Spüre noch einmal in die Übung hinein und entspanne dich für eine Minute.

Schritt 10: Yoga Kamel (Ustrasana)

Diese Asana stärkt die Wirbelsäule, den Rücken, die Hüfte und die Oberschenkel. Sie öffnet den Brustkorb, die Schultern, das Herz und die Lunge und stärkt den Kreislauf. Sie ist eine gute Energiequelle für das Herzchakra. Mit dieser Übung lässt sich sehr gut der Atem schulen.

- Knie dich aufrecht auf deiner Yogamatte. Die Fußspitzen sind gestreckt und die Beine hüftbreit auseinander. Richte deinen Oberkörper auf und halte das Becken gerade.
- Drücke die Schultern nach hinten, sodass sich der Brustkorb weitet und Du viel Luft in deine Lungen bekommst. Deine Arme hängen seitlich und deine Augen

zeigen nach vorn. Entspanne deine Schulterblätter und drücke sie sanft in deinen Rücken.

- Mache ein paar tiefe gleichmäßige Atemzüge in den unteren Rücken und spüre, wie sich dein Körper dehnt. Die Schultern sollten sich dabei nicht bewegen.
- Spanne nun Oberschenkel- und Gesäßmuskeln an und hebe den Beckenboden an. Zur Unterstützung des Beckens lege deine Hände auf die Rückseite der Hüfte. Die Fingerspitzen zeigen dabei nach unten und die Ellbogen nach hinten.
- Lehne dich nun langsam zurück. Mit jedem Atemzug beugst Du dich Wirbel um Wirbel nach hinten.
- Lasse deine Hände langsam nach unten sinken und lege sie auf deine Fersen. Falls es für deinen Nacken angenehm ist, leg deinen Kopf nach hinten. Atme ruhig und tief weiter und spüre, wie sich der Bereich um dein Herz und deine Lunge weitet.
- Dauer: Halte diese Stellung für 1 bis 2 Minuten.
- Abschluss: Ziehe dich mit deinen Bauchmuskeln Wirbel für Wirbel wieder nach oben in den aufrechten Kniestand.

Schritt 11: Stellung des Kindes (Balasana)

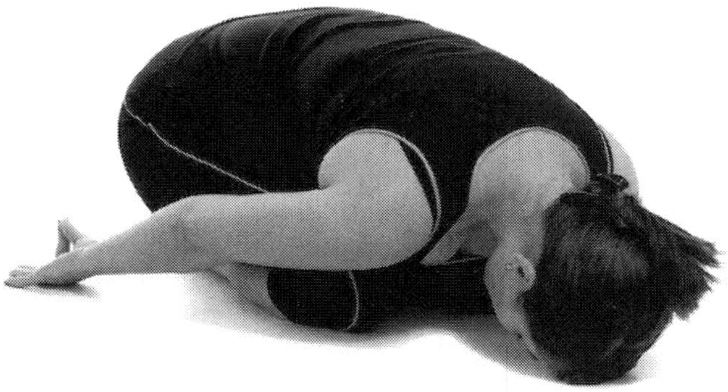

Diese Asana aktiviert das Ajna Chakra (3. Auge). Sie streckt Wirbelsäule, Oberschenkel und Knöchel, lockert den Unterbauch und entspannt die Schultern, den Nacken und den Brustbereich. Diese sanfte Streckung eignet sich gut, um sich ganz auf seinen Geist und seine Atmung zu konzentrieren.

- Gehe in die Fersenstellung. Die großen Zehen sollten sich dabei berühren und die Knie hüftbreit auseinander sein.
- Lege deinen Oberkörper vorne auf Bauch und Oberschenkeln ab. Die Stirn sollte den Boden berühren.
- Lege deine Hände mit den Handflächen nach oben neben deinem Körper locker auf dem Boden ab. Die Schulterblätter sind entspannt und sinken nach unten.
- Atme gleichmäßig und ruhig in deinen Oberkörper ein und aus und konzentriere dich dabei auf deinen Geist und deine Atmung. Bleibe in dieser Stellung für 1 bis 2 Minuten und kehre dann zu deinem natürlichen Atemrhythmus zurück.

Schritt 12: Leichenstellung (Savasana)

Zum Abschluss des Stärkungs-Kriya sollte diese Asana nicht fehlen, um die Energien der vorangegangenen Übungen zu manifestieren und das Nervensystem quasi „zurückzusetzen“. Es ist, als würde man auf „Speichern“ drücken, nachdem man ein wichtiges Dokument fertiggestellt hat.

- Lege dich mit dem Rücken auf deine Yoga-Matte. Deine Beine sind entspannt nach vorne ausgestreckt und die Arme liegen im Abstand von ca. 15 - 30 cm neben dir mit den Handflächen nach oben.
- Schließe die Augen, gehe mit deiner Aufmerksamkeit durch den gesamten Körper, als wolltest Du ihn abscannen, und versuche ganz bewusst jeden Körperteil bewusst zu entspannen. Lasse alle Spannungen und Sorgen los.
- Gesamtdauer: 5 bis 7 Minuten.

16. Energieübertragung durch Shaktipat

Die traditionellen Techniken zur Anregung und Erweckung der Kundalini sind sehr vielseitig. Neben den bereits vorgestellten Techniken, gibt es noch einige andere Methoden des Kundalini-Yogas, die teils Mantras integrieren und mit Visualisierungen und Meditationen arbeiten.

Durch die intensive eigene spirituelle Praxis kann die Kundalini mit der Zeit erweckt werden.

Eine der dramatischsten Methoden zur Erweckung des Kundalini ist **Shaktipat**. Shakti bedeutet *spirituelle Energie,* Pata bedeutet *Abstieg*. Frei übersetzt bedeutet Shaktipat „das Herabsteigen göttlicher Energie".

Gemeint ist damit die Erweckung der Shakti durch einen spirituellen Meister (Guru). Es handelt sich um eine **yogische Initiation**. Danach verleiht ein spiritueller Lehrer, dessen eigene Kundalini erweckt ist, einem Schüler **spirituelle Energie**. Es ist üblicherweise ein Akt der Gnade des Gurus gegenüber einem verdienstvollen Schüler. Der Schüler bekommt dadurch einen Einblick in die erleuchtete Sichtweise des Meisters. Dadurch weiß der Schüler, was auf ihn zukommt und sein Weg dorthin gestaltet sich einfacher. Nachdem die Kundalini des Schülers durch seinen Guru erweckt wurde, hängt ihr Ansteigen von seinen weiteren Bemühungen ab, seine spirituelle Praxis zu vertiefen und ihr Kontinuität zu verleihen.

16.1 Wie wird Shaktipat praktiziert?

Shaktipat kann über die Hände übertragen werden. Dabei legt der Gebende (Guru) seine Hände sanft auf den Kopf des Empfangenden (Schüler) und verleiht ihm seine eigene Energie. Wichtig ist dabei auch die Haltung des Empfangenden, denn diese bestimmt letztendlich die Wirkung. Die übertragene Energie enthält das Potential einen Prozess beim Empfänger auszulösen, durch den er sich wieder an den natürlichen Zustand des Einsseins erinnert und ihn zurückführt. Es ist quasi eine Hilfe, um die göttliche Gnade zu verstehen. Shaktipat ist auch möglich, ohne dass der Guru anwesend oder noch am Leben ist. Für den Schüler ist es wichtig, sich voll auf die Energie seines Meisters einzustimmen, zum Beispiel durch Meditation.

Während der Energieübertragung wird oft das **Moola Mantra** gesungen bzw. gechantet.[9] Dieses vedische Sanskrit-Mantra dient speziell zur Verbindung mit der inneren göttlichen Kraft, dem inneren Licht. Durch das Singen des Mantras kann eine Brücke zu dieser inneren Kraft gebaut werden. Die Worte des Moola Mantras lauten:

---

9 Ein Beispiel für das Singen des Moola Mantras findet man auf YouTube: https://www.youtube.com/watch?v=gZpOd_dg-64

- **Aum** *(= der ursprüngliche Klang, aus dem das Universum entstand)*
- **Sat Chit Ananda Parabrahma** *(= das Höchste Wesen, Gott, formlos und jenseits von Raum und Zeit)*
- **Purushothama Paramatma** *(= die höchsten und besten Qualitäten, die innere Göttlichkeit)*
- **Sri Bhagavathi Sametha** *(= ich verneige mich vor meiner göttlichen allgegenwärtigen Mutter)*
- **Sri Bhagavathe Namaha** *(= ich verneige mich vor meinem göttlichen allgegenwärtigenVater)*

Frei übersetzt bedeutet es:

- *Ich verneige mich vor dem Universum, dem Höchsten Wesen, welches reines Bewusstsein, Existenz und Glückseeligkeit ist, das allgegenwärtig, unveränderlich und gleichzeitig sich verändernd ist.*
- *Ich verneige mich vor dem Göttlichen, das sich in menschlichen Formen und in unseren Herzen manifestiert.*
- *Ich verneige mich vor dem männlichen und weiblichen Aspekt des Göttlichen.*
- *Gott ist die Wahrheit, das wahre Sein.*

Das Chanten dieses Mantras mit Respekt, in tiefer Demut und großer Dringlichkeit lässt das Höhere Selbst und die göttliche Präsenz stärker werden.

16.2 Was bewirkt Shaktipat?

Shaktipat ist eine sehr mächtige Technik und drückt sich bei jedem Menschen hinsichtlich seiner Intensität und Tiefe unterschiedlich aus und passt sich seinem persönlichen Weg an. Durch Shaktipat können Heilungen im emotionalen und körperlichen Bereich geschehen. Auch der Zugang zu verdrängten seelischen Bereichen kann sich öffnen. Es kommt zu einem Zustand von Glückseligkeit, Leichtigkeit und auch Klarheit über das, was wesentlich im Leben ist. Dies wiederum führt zu Lösungen von irdischen Problemen und die richtige Weichenstellung im Leben.

16.3 Was sind die Vor- und Nachteile von Shaktipat?

Für den Schüler kann Shaktipat ein Segen sein, besonders wenn bei der Initiation auch sein Energiesystem gereinigt wird, so dass er sich für die spirituelle Praxis besser öffnen kann.

Der schwierigste Punkt an Shaktipat ist aber, einen wahren Guru und Meister zu finden, der wirklich Shaktipat geben kann und geben möchte. Sich bei der Suche nach einem Guru nur auf sein Gefühl zu verlassen, kann unter Umständen problematisch werden.

Ein weiterer Nachteil besteht darin, dass manche Gurus durch Shaktipat ihre Schüler an sich binden. Dies muss nicht in böser Absicht sein. Manche Schüler machen sich auch unbewusst von den Segungen ihres Gurus abhängig und sind wie Drogenabhängige, wenn sie nicht ständig bei ihrem Meister sind.

Shaktipat ist letztendlich nur ein Mittel zum Zweck und sollte niemals in eine Abhängigkeit führen.

17. Risiken und Nebenwirkungen

Jeder Gedanken kann eine Emotion und ein Gefühl werden. Einige davon werden zu Begierden; und um erfüllt zu werden, saugen sie all deine Lebensenergie auf. Wenn Du jeden Gedanken aber nutzt und ihn durch die Intelligenz geleitest und mit deinem Bewusstsein testest, wirst Du erfolgreich sein, egal worin. Das ist das simple Geheimnis des Lebens.

~ Yogi Bhajan ~

Da dir nun die Schritte bewusst sind, die Du ergreifen musst, um die Kundalini zu erwecken, kannst Du den ersten Schritt in Richtung deiner spirituellen Reise machen. Bei diesem mystischen Abenteuer solltest Du aber einige Warnungen beherzigen. Bei jedem Unterfangen gibt es immer Risiken, besonders wenn man sie ohne Vorwissen und Vorbereitung angeht.

Die hauptsächliche Gefahr besteht in einem vorzeitigen Erwachen der Kundalini. Auch wenn es dir möglicherweise nicht schnell genug gehen kann, so seist Du gewarnt, dass es nicht von Vorteil ist, wenn die Kundalini vorzeitig erwacht.

Für das Erwachen der Kundalini ist ein ausgeglichener und starker Geist in Kombination mit einer ausgeglichenen Persönlichkeit und einem entsprechenden Körper notwendig, weil die Freisetzung des Kundalini sehr viel Energie und Kraft erfordert.

Genauso wie Du im Sport trainieren musst, um deinen Körper für verschiedene Übungen zu stählen, um dich nicht zu verletzen, so muss Du auch deinen Geist vorbereiten, damit Du nicht überwältigt bist und den Anforderungen gerecht werden kannst. Ansonsten kann es zu Komplikationen kommen. Man spricht dabei auch von dem sog. **Kundalini-Syndrom**.

Die Folge könnte eine Überlastung deines Nervensystems sein und Du findest dich womöglich mit einem Nervenzusammenbruch im Krankenhaus wieder. Oder es kommt zu einem Realitätsverlust. Möglich sind auch schwere Angststörungen. Vielleicht machst Du dir über die einfachsten Dinge Sorgen, was dich daran hindern könnte, deinem normalen Alltag nachzugehen. Weiterhin gibt es Berichte über sexuelle Dysfunktionen, Verdauungsstörungen, Schlaflosigkeit und unkontrollierte Bewegungen.

Diese durch eine vorzeitige Erweckung ausgelösten Komplikationen sind Folge der Kundalini-Energie, die auf ihrem Weg entlang der Wirbelsäule bis zum Kopf auf Widerstände stößt. Diese Störungen könnten Giftstoffe sein, die nicht schnell genug aus dem Körper ausgeleitet werden konnten, oder auch negative Gedanken, die eine störende Wirkung auf den Energiefluss haben.

Wer seinen Geist voller anderer Gedanken hat, dass keine Meditation ihn leeren kann, wer negative Veranlagungen und Emotionen in sich trägt oder zu Aggressionen oder Gewalt neigt, dem sei vor dem Erweckungsprozess dringend abzuraten, denn am Anfang steht, die Kundalini zu verstehen und zuerst den Geist und seinen Körper von Giftstoffen zu reinigen und vorzubereiten. Von einer "Abkürzung" hin zur schnellen Erweckung der Kundalini sei hiermit dringend abgeraten.

Wenn es dir mit dem Erwecken der Kundalini ernst ist, dann solltest Du die Warnungen auch ernst nehmen. Es ist wichtig, mit Vorsicht und Bedacht vorzugehen. Zudem empfehle ich dir einen wirklich qualifizierten Ausbilder zu suchen. Prüfe ihn, ob seine Zertifikate auch aussagekräftig sind und er wirklich so kompetent ist, wie er sagt. Wenn Du bloß neugierig bist, dann ist es besser, nicht mit diesen Praktiken herum zu spielen. Sie könnten sehr wohl irreversible Folgen haben.

18. Der sichere Weg

Versuchst Du den Weg zur Wahrheit mit dem Verstand zu finden, erweist sich das als unmöglich. Sobald Du den Verstand jedoch fahren lässt, sind da keine Hindernisse mehr da.

(Abu'l Madschd Madschdud Sana'i)

Die Erweckung des Kundalini kann durch verschiedene Methoden unterstützt werden, sei es durch Meditation, Asanas, Gesänge, Mantras, Bandhas oder auch Atemübungen. Um dabei immer auf dem “sicheren” Weg zu sein, hier einige Tipps:

1. Lerne an etwas Göttliches bzw. an ein Höheres Selbst zu glauben und es zu lieben. Sehe Jeden und Alles als einen Ausdruck des Göttlichen.

2. Versuche den Anderen nach besten Kräften zu dienen; sei großzügig.

3. Habe eine positive Einstellung und vermeide jede Form von Negativität.

4. Verstärke deine eigene höhere Natur und lebe in der Wahrnehmung des Lichts.

5. Schütze dich selbst vor der Versuchung in eine schläfrige und unbewusste Energie wieder hinab zu sinken. Lebe mit einem größeren Verständnis und vermeide alles, was den Verstand trübt.

6. Meditiere regelmäßig.
7. Verbinde Meditation mit Atemübungen, Yoga, Visualisierungen und energiefördernden Übungen.
8. Bete oder fange damit an.
9. Sei voller Energie und sage „Ja“ zum Leben.
10. Bewahre stets eine gute körperliche Haltung und halte deine Wirbelsäule gerade.
11. Lerne, ein starkes Magnetfeld in den oberen Chakren zu generieren, insbesondere in dem Dritten Auge, und ziehe die Kundalini von oben hoch. Drücke sie nicht von unten nach oben.
12. Nehme dir tugendhafte und starke Menschen zum Vorbild und lasse dich durch sie inspirieren und motivieren.

Schlussbemerkung

Es gibt keinen Zweifel daran, dass unser Körper zu Dingen außerhalb unserer normalen Vorstellung in der Lage ist. Die göttliche Kraft, die uns geschenkt worden ist, ist ein Segen, in dieser Welt zu verweilen und uns an ihrer Schönheit zu laben. Jedoch ist es auch unsere Pflicht, uns um sie zu kümmern und sie zu nutzen, sie zu umarmen und eine Vereinigung mit dem Göttlichen einzugehen.

Auf diese Weise wird unser Leben gesegnet, während wir inneren Frieden finden. Die Kundalini erschafft den einen großen Schritt zur Erleuchtung. Sie stärkt sowohl den Körper als auch die Seele und führt auf die Sonnenseite des Lebens.

Umarme dies alles mit einer grundlegenden Ehrlichkeit und Wahrhaftigkeit zu dir selbst und zu anderen. Du wird feststellen, dass die Aktivierung der Kundalini in ihrem eigenen Tempo stattfindet, dein Sein belebt und dir den richtigen Pfad aufzeigt. Sei jedoch darauf vorbereitet, dass sich deine Welt ändern wird. Nach diesem wundersamen Wandel wird nichts mehr so sein, wie es war! Erwecke deine Sinne, bekomme Klarheit darüber, was wesentlich ist und bereite dich darauf vor, der Welt als neues Ich gegenüber zu treten.

Das Beste kommt erst noch! Namasté!

Fotomaterial

http://de.depositphotos.com/ Copyright:

- Woman yoga meditation with chakras @ MSSA
- Uddiyana Bandha yoga @ fizkes
- Yoga Indoors: woman meditating @ fizkes
- Caduceus Main Chakras @ goku347
- Golden Caduceus @ natis76
- Yoga lotus pose @ JackyBrown

http://www.bigstockphoto.com; Copyright:

- Yoga asana @ fizkes
- PHOTOCREO @ Michal Bednarek
- Yoga - sign. Symbol - the lotus posture. Meditation. Relax. @ Antonina Tsyganko
- Serene fitness girl does yoga training sitting in Ardha Padmasana @ fizkes
- Illustration of human energy body silhouette with, aura and chakras. @ deosum
- Sporty beautiful young woman practicing Uddiyana Bandha @ Kotin
- Calm beautiful girl practicing hatha yoga nadi shodhana pranayama @ fizkes
- Catt Pose and other Yoga Poses @ fizkes

Mein besonderer Dank gilt Alexandra, angel890 von Fiverr.com die mich bei der Veranschaulichung diverser Asanas unterstützt hat.

Impressum

Anna Mai (Autor und Herausgeber)

c/o Papyrus Autoren-Club

Pettenkoferstr. 16-18

10247 Berlin

annamai@ereadmedia.com

30256650R00085

Printed in Poland
by Amazon Fulfillment
Poland Sp. z o.o., Wrocław